铸牢
中华民族
共同体意识

MEILIZHONGGUO HEXIEJIAYUAN
MINZUZIZHIDIFANG FAZHANCHENGJIUZHAN XUNLI

美丽中国·和谐家园
民族自治地方发展成就展巡礼

黔南布依族苗族自治州卷

民族文化宫 编

民族出版社

美丽中国·和谐家园
民族自治地方发展成就展巡礼

编委会

主　　编：孙青友
副 主 编：钟兴奎　们发延
编　　审：钟兴奎　们发延　杨国文　马志敏　张树泉　徐　莹　雍继荣
　　　　　陈　烨　何　丽　吴贵飙　崔光弼　艾合买提买买提
编　　者（按姓氏笔画排序）：
　　　　　王　超　王佳媛　央　珍　白　旭　冯子倩　先　巴　刘文丽
　　　　　安　宁　许传哲　李　婷　李学思　杨　行　杨胜锋　吴家鹏
　　　　　辛宇玲　陈　红　罗吉华　炬　华　赵　茵　高彩云　陶　颖
　　　　　龚文龙　崔德志　覃诗翠　鲁　艳　蔡苏宁　穆慧贤
联　　络：鲁　艳　孔得喜　安　宁
资　　料：张仁明　王　爽　王　乐

黔南布依族苗族自治州卷

编　　审：吴贵飙
副编审：杨胜锋
编　　辑：赵　茵

总　序

　　为全面宣传党的民族政策和中国特色解决民族问题正确道路的成功实践及其取得的巨大成就，国家民委自2013年起，在民族文化宫举办"美丽中国·和谐家园——中国少数民族经济社会文化系列展"。展览以习近平新时代中国特色社会主义思想为指导，深入贯彻落实习近平总书记关于加强和改进民族工作的重要思想，以铸牢中华民族共同体意识为主线，全方位展示我国民族地区经济建设、政治建设、文化建设、社会建设和生态文明建设取得的巨大成就，充分展现中华文化的多彩之美、民族关系的和谐之美、民族地区的自然之美。

　　截至目前，已有5个自治区、20个自治州和部分自治县成功举办发展成就展。这些展览，一方面生动宣传了党的民族政策和民族区域自治制度，全面展现了中华民族一家亲、同心共筑中国梦的时代风貌；另一方面，也成为展示民族地区经济社会文化发展的重要窗口，成为保护和传承各民族优秀传统文化、增进各民族交往交流交融的重要载体，对促进新时代民族地区高质量发展具有重要意义。

　　为打造"永不闭幕"的民族自治地方成就展，书写新时代、展现民族地区新风采的"微型百科全书"，在中国共产党成立100周年之际，按照国家民委的部署，民族文化宫组织编纂了《美丽中国·和谐家园——民族自治地方发展成就展巡礼》系列丛书。

《巡礼》系列丛书计划编纂30册，每个民族自治州独立成册，视办展情况陆续出版。每册内容包括序篇、奋进历程篇、建设成就篇、民族团结篇、自然人文篇等5个篇章，以图片、数据、图表、文字相结合的方式呈现。系列丛书记述民族自治地方发展历程，以全面反映改革开放以来特别是党的十八大以来，在党的民族政策的光辉照耀下民族自治地方发生的历史性巨变，为广大读者及大专院校、科研机构提供参考。

《美丽中国·和谐家园——民族自治地方
发展成就展巡礼》系列丛书编委会

目 录

序 篇 / 1

奋进历程篇 / 21
    一、历史建制沿革 / 23
    二、民族区域自治地方的建立 / 25
    三、民族法制建设 / 28
    四、干部队伍的建设 / 33

建设成就篇 / 37
    一、经济建设 / 39
    二、政治建设 / 96
    三、文化建设 / 100
    四、社会建设 / 138
    五、生态建设 / 148

目 录

民族团结篇 / 165

一、民族构成及民族风情 / 167

二、民族团结进步创建工作 / 188

三、扶持人口较少民族工作 / 193

自然人文篇 / 199

一、自然环境 / 201

二、自然资源 / 202

三、旅游资源 / 210

结 语 / 282

后 记 / 283

序 篇

黔南美景

　　黔南布依族苗族自治州位于贵州省南部，东与黔东南苗族侗族自治州相连，南与广西壮族自治区河池市、百色市为界，西南与黔西南布依族苗族自治州相连，西与安顺市为邻，西北靠省会贵阳市，北与遵义市相连，是国家"一带一路"和大西南地区连接华南、珠三角的重要节点，既是贵州的南大门，也是贵州南下出海的最近通道。作为地州级民族自治地方，黔南布依族苗族自治州成立于1956年8月8日，辖都匀、福泉2个县级市，荔波县、贵定县、瓮安县、独山县、平塘县、罗甸县、长顺县、龙里县、惠水县、三都水族自治县10个县，国土面积26197平方千米。州府所在地都匀市，是全州政治、经济、文化中心。黔南州境内有汉族、布依族、苗族、水族、瑶族、毛南族、仫佬族等43个民族，总人口426.65万人，其中少数民族人口占59.8%，人口较多的布依族和苗族分别为122.06万人和45.53万人。黔南州的水族有29.11万人，占全国水族人口的70.69%，水族有自己的语言和文字，"水文"被誉为"活着的象形文字"。全国唯一的水族自治地方三都水族自治县在黔南州。

中国优秀旅游城市——都匀市

黔南是历史悠久之地、千年文明之域。早在殷周时期，黔南境内就有许多部族活动，春秋时属牂牁，战国时属夜郎，秦代汉代属象郡、牂牁郡，晋代属宁州牂牁郡，隋代属牂牁州、牂牁郡，唐隶江南道、黔南中道，宋代隶夔州路绍庆府，元隶属八番顺元等处宣慰司元帅府、都云定云安抚司、新添葛蛮安抚司、播州宣慰司和庆远南丹安抚司，明隶贵州卫、龙里卫、平越卫、都云卫、新添卫等，明弘治年间推行"改土归流"，部分土司统治地区改设府（县），贵阳军民府、都匀府、平越军民府及广西庆远府、泗城府，清雍正年间分属于贵阳府、都匀府、平越府。民国时期的府、州、厅、县一律改称县，之后几经分合变化。

黔南是西南少数民族文化与中原文化的交流交融之地。汉武帝时期，夜郎王多同与唐蒙在此签订《同蒙之盟》；宋太宗时期，南宁州派使团入朝敬献方物、歌舞；明洪武时期，奢香夫人与汉族土司刘淑珍共同演绎了一曲维护国家统一、推进民族团结的绚丽华章。

黔南是人文毓秀之地、文脉炳耀之域。西汉著名辞赋家盛览到成都向司马相如请教作赋，著名经学家尹珍到洛阳向许慎学习五经，两人回乡后设坛教学，开启了贵州的学校教育；唐初四杰之一王勃的老师牛腾曾任建安（今瓮安）县丞，开启斯域新文风；宋代诞生了贵州第一位进士犹道明；明代王阳明弟子张翀、邹元标被贬谪都匀，使之成为王学名镇；清代西南大儒莫友芝将"黔学之光"传遍海内。在黔南这片土地上，先后诞生了贵州第一部诗歌总集《黔风录》，第一部戏曲剧本《鸳鸯镜》，第一部编年史《黔史》，第一部私家方志《桑梓述闻》等。

黔南是红色革命之地、伟大转折之域。红军长征六过黔南、途经黔南7个县市，沿途播下了革命火种。此后，黔南大地革命活动风起云涌。瓮安猴场会议取消了博古、李德的军事指挥权，明确了重大军事行动必须由中央政治局决定，为遵义会议的召开奠定了坚实的基础。中央红军在江界河强渡乌江，打下了长征以来的第一个胜仗。邓小平、张云逸领导的红七军曾在荔波县板寨胜利会师。

黔南是爱国义士之地、英雄辈出之域。黔南先后涌现出抗清名将宁远巡抚、山海关总兵丘禾嘉，护国先驱戴勘、黄齐生，中共一大代表邓恩铭，红色特工冷少农，黔中雄杰舒葆初，抗日英烈、吴淞要塞司令部参谋长滕久寿，抗日空战英烈全正熹，死谏抗日县长阮则文，剿匪战斗中勇堵枪眼的萧国宝等一大批英雄人物。涌现出桐梓坡游击队英雄群体、石板寨水族同胞抗日英烈群体以及赴缅抗日八千勇士等。

黔南是植被繁茂之地、物种丰富之域。野生植物种类繁多、分布广泛，主要树种1860多种，国家级保护珍稀植物有喙核桃、钟萼木、柄翅果、伞花木、杜仲、福建柏、掌叶木、鹅掌楸、马尾树、观光木、篦子三尖杉、十齿花、短叶黄杉、田林细子龙、翠柏、蝴蝶果、八角莲、领春木、天麻、黄枝油杉、柔毛油杉、华南五针松、银鹊树、凹叶厚朴、红花木莲等。各类野生动物570余种（含亚种），其中有国家一级保护动物华南虎、云豹、金钱豹、苏门羚、斑羚和中华沙秋鸭；国家二级保护动物猕猴、短尾猴、穿山甲、水獭、斑林狸、林麝、鸳鸯、红腹锦鸡、白鹇、蟒蛇；国家三级保护动物黑熊、大灵猫、小灵猫、凤头鹃隼、褐耳鹰、赤腹鹰、雀鹰、灰脸鵟鹰、白腹山椒鸟、燕隼、虎纹蛙、金雕、大鲵等。以林麝为代表的药用动物多达112种。

黔南是休闲旅游之地、纳凉避暑之域。黔南是长江和珠江上游的重要生态屏障，州内平均海拔997米，森林覆盖率达65%，年均气温16.7℃，年均降雨量1355.6毫米，冬无严寒、夏无酷暑，空气清新、凉爽舒适，负氧离子浓度高，气候环境宜居、宜养、宜游，是"大氧吧""大空调"和"大公园"。境内山峦起伏、层林叠翠，奇峰竞秀、万水争流，催生了荔波喀斯特世界自然遗产地、茂兰世界生物圈保护区、樟江5A级风景名胜区，是全国著名的旅游胜地。黔南拥有大小河流117条，清溪迂回、瀑布成群，地热温泉雾霭蒸腾，是大自然造就的神秘氧吧，是休闲戏水圣地，享有"地球腰带上的绿宝石"的美誉。至2019年底，全州拥有国家级自然保护区1处，国家级湿地公园8个，国家级森林公园7个，省级森林公园3个，省级湿地自然保护区1处，县级自然保护区16处，县级森林公园1个，全国森林旅游示范县4个，全国生态文化村8个，全国森林康养基地试点建设单位4个，国家级中国少数民族特色村寨38个，省级森林小镇建设试点4个。随着世界最大500米口径球面射电望远镜的建成运行，"中国天眼"成为黔南又一张亮丽名片。

荔波小七孔

罗甸县千岛湖

贵定县盘江镇音寨村的金海雪山

瓮安县江界河大桥

被誉为"中国天眼"的平塘县500米口径球面射电望远镜

布依族群众唱山歌

开心的苗族少女

水族姑娘庆丰收

瑶族群众的笑脸

　　黔南是民族聚居之地、文化多彩之域。黔南是一个多民族聚居区，主要世居少数民族有布依族、苗族、水族、毛南族、瑶族。各民族能歌善舞，民族风情古朴典雅，生活习俗各具特色，民族文化多姿多彩，民族节庆丰富盛大，民族服饰五彩缤纷，民族建筑工艺精致。特别是黔南各族人民热情好客、注重礼仪，酒醉人、歌醉人、情醉人，走进黔南就走进了欢乐的海洋。

黔南是开放发展之地、投资兴业之域。黔南具有"东经湘赣通沪浙，南下两广接港澳，西过云南连东盟，北上川渝进西北"的独特区位优势，曾是海上丝绸之路连接陆路的重要通道，也是黔中通往川桂湘滇的故道，商贾云集、物流通达。黔南境内航空、铁路、公路、河运纵横交错，是贵州立体交通条件最好的地区之一。龙洞堡国际机场近在咫尺、荔波机场航线增多，都匀、罗甸机场正在规划建设；贵广、沪昆高铁和多条铁路穿境而过，厦蓉、兰海、沪昆三条高速和多条国道互联互通；内河航运直通长江、珠江；西南成品油、中缅油气管道横贯全境。黔南已探明的矿产资源有磷、铝、煤等50余种，其中，磷矿储量40亿吨以上，罗甸玉石矿带面积118平方千米，素有亚洲"磷都"、中华"玉邑"之美誉。水能资源蕴藏量420.8万千瓦，已开发建设180.5万千瓦。黔南致力于优质发展环境的打造，深化改革、简政放权，逐步形成创业环境最宽松、社会最文明、人居最安全和低交易成本、低生产成本、低行政成本、低社会成本的"三最四低"优质发展环境，到黔南投资兴业正顺其势、正逢其时。

黔南是黔茶正源之地、茶业兴旺之域。黔南"都匀毛尖"自唐贞观九年起就成为朝廷贡茶，被崇祯皇帝赐名"鱼钩茶"，乾隆皇帝称为"云和春茶"。1915年在美国旧金山举办的万国博览会上，与贵州茅台酒同获金奖。1956年，毛泽东主席亲笔将其命名为毛尖茶。在2014年全国"两会"期间，习近平总书记对都匀毛尖给予高度赞誉，并作出了"把都匀毛尖品牌打出去"的重要指示。2015年，中共贵州省委、省人民政府赋予了"都匀毛尖引领黔茶出山"的重任。黔南举全州之力，着力做大做强茶产业，"都匀毛尖"在中国最具品牌价值地理标志产品（茶叶类）中，品牌价值已跃升至第二位，茶产业呈现出蓬勃兴旺、后劲十足的发展态势。

2019年，全州完成地区生产总值1518.04亿元，同比增速7.9%；社会消费品零售总额同比增长3.3%；城镇和农村常住居民人均可支配收入分别达到33969元和11911元；一般公共预算收入110.65亿元，同比下降7.6%，固定资产投资同比下降0.9%；规模工业增加值同比增长11.1%；金融机构存贷款余额分别为1605.92亿元和1810.06亿元。2018年，经济发展综合测评排全省第三，连续六年稳居全省"第一方阵"。在贵州省南部这片丰饶的土地上，喀斯特地貌铺展出神奇瑰丽的山水长卷，积淀着远古的传奇，烙下了深深的红色印记。这就是生态之州，幸福黔南。

党的十八大以来，黔南州各族人民坚持以习近平新时代中国特色社会主义思想为指引，紧密地团结在以习近平同志为核心的党中央周围，增强"四个意识"，坚定"四个自信"，做到"两个维护"，全面贯彻落实党中央决策部署，牢记嘱托、感恩奋进，按照统筹推进"五位一体"总体布局和协调推进"四个全面"战略布局要求，坚持党对一切工作的领导，坚持以人民为中心的发展思想，坚持稳中求进工作总基调，坚持新发展理念，以供给侧结构性改革为主线，以发展实体经济为重点，以乡村振兴为抓手，以"守底线、走新路、奔小康"为总纲，以"强创新、占高地、作示范"为主题，深入实施工业强州、城镇化带动和一圈两翼"三大主战略"，大力实施大扶贫、大数据、大健康、大旅游、大物流、大文化"六大战略行动"和农业"185"、生态环境、改革开放、创业创新、基础设施、民生福祉"六大提升工程"，抢占区域开放合作、产业转型升级、城乡统筹改革、生态文明建设"四个制高点"，统筹好稳增长、促改革、调结构、惠民生、防风险各项工作，进一步稳就业、稳金融、稳外贸、稳外资、稳投资、稳预期，提振市场信心，加快打造民族地区创新发展先行示范区，决战脱贫攻坚、决胜同步小康，保持经济持续健康发展和社会大局稳定，深入实施"3366"发展战略，打好三大攻坚战，弘扬大射电创新精神，唱响好花红民族绚歌，打造民族地区创新发展先行示范区，提高人民群众获得感、幸福感、安全感，开启了基本现代化建设新征程，走出了一条符合黔南实际的科学发展之路、后发赶超之路。全州民族团结、经济发展、政治稳定、文化繁荣、社会进步、生态文明，各族人民安居乐业。

2015年11月3日至9日，由国家民委、贵州省人民政府主办，黔南布依族苗族自治州人民政府、民族文化宫、贵州省民宗委承办的"生态之州 幸福黔南——黔南布依族苗族自治州成就展"在北京民族文化宫成功举办，全面展示了党的民族区域自治制度在黔南州的成功实践和黔南州建州60年来的发展成就。

都匀市百里毛尖长廊茶园盛景

奋进历程篇

黔南州的每一次发展、每一次跨越都离不开中国共产党的正确领导，离不开国家民族区域自治制度的保障。站在新的历史起点上，黔南州坚持以习近平新时代中国特色社会主义思想为指引，按照习近平总书记"守底线、走新路、奔小康"的指示要求和中共贵州省委、省人民政府的安排部署，认真贯彻落实党中央"五位一体"总体布局和"四个全面"战略布局，深化州情认识，主动适应新常态，积极应对新挑战，抢抓发展新机遇，走出一条既符合党中央精神、契合全省重大战略，又能发挥黔南优势、彰显黔南特色的发展新路。

一、历史建制沿革

悠悠岁月，漫漫征程。回首往昔，黔南州各族人民谱写了团结奋斗、繁荣发展的壮丽篇章。

黔南州辖地历史源远流长。据《后汉书·南蛮传》《华阳国志·南中志》记载及《贵州古代史》考证，早在殷、周时期，境内就已有许多部族活动，分属牂牁、夜郎等方国，现在黔南州福泉市还保存着古夜郎国唯一的遗迹"竹王城"。秦汉时期，州境为象郡、牂牁郡所属的且兰、母敛等县。唐朝之后，中央封建王朝加强对少数民族地区的统治，唐宋元明时期，在州境内设立了羁縻府、州、县、峒、卫、所。元代黔南开始推行土司制度，境内分属八番顺元等处宣慰司元帅府、都云定云安抚司、新添葛蛮安抚司、播州宣慰司和庆远南丹安抚司，至明代贵州建省前，黔南地域主要设置了卫所军事机构，黔南分属于贵州卫、龙里卫、平越卫、都云卫、新添卫、定番州、广顺卫等。明弘治年间，贵州推行"改土归流"，部分土司统治地区改设府（县），如都匀府、新贵县、贵定县和荔波县等。清雍正四年（1726年），清廷在黔南境内强行大规模推行"改土归流"，废除土司世袭的安抚司、长官司等，代之以流官统治，撤消"卫所"等军事地域，将其并入府、州、厅、县等行政区域，黔南地区分属于贵阳府、都匀府、独山府和平越府。

民国初期沿袭清末建制。民国三年（1914年），将清代的府、州、厅、县一律改称县。民国二十四年（1935年），国民党中央军进入贵州后，改组了省政府，改设行政督察区，黔南州地域分属于第一、第七和第十一行政督察区。民国三十七年（1948年），全省又重新划分为7个行政督察区及省直辖区。今黔南州地域内的惠水、长顺、龙里、贵定4县隶省直辖区；独山、平塘、罗甸、荔波、都匀、三都、平越7县隶第二行政督察区，专员公署驻独山；瓮安县隶第五行政督察区，专员公署驻遵义。

1949年11月15日，中国人民解放军解放都匀县城，随即成立独山专区，专员公署设于都匀县城，辖民国时期的第二行政督察区的12个县，即都匀、独山、平塘、罗甸、三都、荔波、平越、麻江、丹寨、黎平、榕江、从江，当时的瓮安、贵定、龙里、惠水和长顺5县隶属贵阳专区。1952年，独山专区改称都匀专区，贵阳专区改称贵定专区，专员公署移驻贵定县，撤销惠水县，改设惠水县夷族苗族自治区。1953年6月，平越县改称福泉县。1954年，惠水县夷族苗族自治区改称惠水县布依族苗族自治区，这是黔南境内设置的第一个县级民族自治地方。同年，罗甸县也改称罗甸县布依族自治区。1955年，惠水县布依族苗族自治区改称惠水布依族苗族自治县，罗甸县布依族自治区改称罗甸布依族自治县。至黔南州成立前夕，都匀、三都、独山、平塘、荔波、福泉6县隶属都匀专区；贵定、龙里、瓮安、长顺、惠水、罗甸6县隶属贵定专区。

1956年8月8日，黔南布依族苗族自治州成立。同时撤销都匀、贵定2专区，撤销惠水、罗甸2县自治区，改为县，隶属黔南州。建州时，黔南州辖原都匀专区所属的都匀、独山、平塘、荔波、三都5县，原贵定专区所属惠水、罗甸、长顺3县，原安顺专区所属的紫云、镇宁2县，原兴义专区所属的望谟、册亨、安龙、贞丰4县，共14县。1957年1月2日，撤销三都县，三都水族自治县成立，隶属黔南州。1958年，以都匀城区设都匀市，自治州人民委员会驻都匀市，将惠水县划归贵阳市，册亨、安龙、贞丰、镇宁4县划归安顺专区，原属安顺专区的瓮安、福泉、龙里、贵定4县划入黔南州。同年，撤销福泉县，并入瓮安县；撤销紫云县，并入长顺、望谟2县；荔波、平塘2县并入独山县；撤销龙里县并入贵定县；撤销都匀县并入都匀市。1961年，恢复荔波、平塘、紫云、龙里、福泉5县。1962年，恢复都匀县，撤销都匀市并入都匀县。1963年，将安顺专区所属的贞丰、册亨、安龙3县划入黔南州，贵阳市所属的惠水县划入黔南州。1965年，将贞丰、册亨、安龙、望谟4县划归兴义专区，紫云县划归安顺专区。1966年，恢复都匀市，与都匀县分设，州人民委员会驻都匀市。1983年，撤销都匀县并入都匀市。1996年，撤销福泉县设立福泉市。截至2019年12月31日，黔南州辖2个县级市、10个县，即都匀市、福泉市和荔波、平塘、龙里、独山、瓮安、贵定、惠水、长顺、罗甸及三都水族自治县。

二、民族区域自治地方的建立

黔南地区党委和政府历来重视贯彻执行党的民族政策。中华人民共和国成立初期，就有意识地对干部、群众进行民族平等和民族团结教育，积极维护各族人民当家作主的权利。1950—1952年，全地区各县先后召开了代行人民代表大会职权的各族各界人民代表会议，先后在都匀、独山、平塘、荔波、福泉、瓮安、贵定、龙里、长顺县以及独山专区成立民族民主联合政府，使各民族平等参加管理国家事务的权利得以实现并得到保障。1952年，中央人民政府委员会颁布的《中华人民共和国民族区域自治实施纲要》，为建立民族区域自治地方提供了政策依据。1952—1954年，黔南地区的党委和政府在少数民族聚居地区相继建立了相当于县一级的惠水布依族苗族自治区、罗甸布依族自治区和相当于区一级的扁担山布依族自治区、高坡布依族自治区、羊场布依族苗族自治区、王司水族苗族自治区、普安苗族自治区。在黔南地区探索实施民族区域自治制度，推进黔南各族人民参与管理国家事务，各民族人民当家作主，各族平等、团结、互助、和谐的社会主义民族关系初步形成。

1956年4月13日，国务院第二十七次全体会议通过了"关于在贵州省南部设置黔南布依族苗族自治州的决定"。5月18日，黔南布依族苗族自治州筹备工作委员会成立。筹委会27人，其中布依族12人，汉族5人，苗族4人，水族2人，瑶族、彝族、回族、侗族各1人。韦茂文为筹委会主任，吴德祥、罗秉揖、李占稳等6人为副主任，苏相信等20人为委员，李占稳为秘书长。8月1日至8日，黔南布依族苗族自治州第一届人民代表大会第一次会议在都匀召开，出席会议的代表255名，其中少数民族代表96名、妇女代表56名。国家民族事务委员会副主任萨空了，全国人民代表大会常务委员会民族委员会委员田富达和贵州省

1956年8月，黔南布依族苗族自治州第一届人民代表大会第一次会议召开

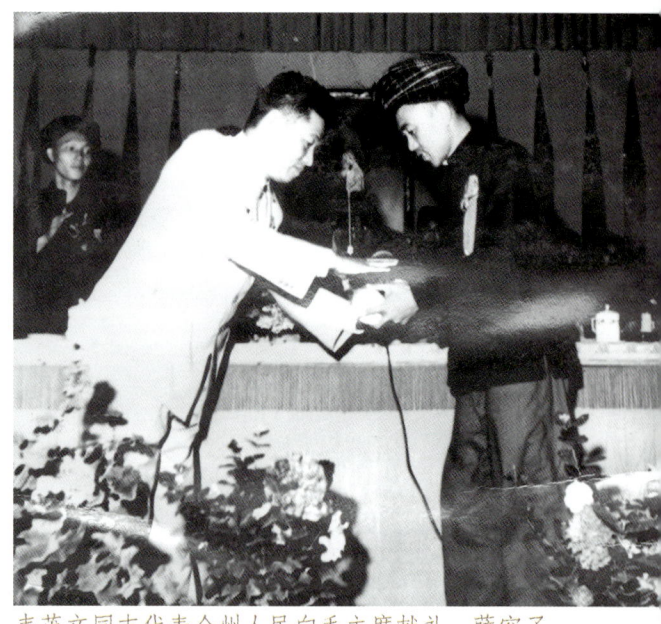

韦茂文同志代表全州人民向毛主席献礼，萨空了代表毛主席受礼

中华人民共和国国务院
关于贵州省设置黔东南苗族侗族自治州
和黔南布依族苗族自治州的请示报告的批复
（56）国议习字第30号

贵州省人民委员会：
1956年2月19日（56）省办秘密字第97号报告悉。所拟设置黔东南苗族侗族自治州和黔南布依族苗族自治州，已由国务院全体会议第27次会议作出决定。现在对于报告中其他有关行政区域的调整规划，批复如下：
（一）同意在黔东南苗族侗族自治州和黔南布依族苗族自治州的自治机关成立后，撤销镇远专区民族民主联合政府和都匀专区民族民主联合政府，并将炉山、台江、雷山、丹寨等四个苗族自治县和黄平、施秉、三穗、麻江等四个县民族民主联合政府改为黔东南苗族侗族自治州内的县，炉山苗族自治县内相当于区的凯里苗族自治区改为县属的公所。将惠水布依族苗族自治县，罗甸布依族自治县和长顺、独山、都匀、三都、平塘、贞丰等六个县民族民主联合政府改为黔南布依族苗族自治州内的县，紫云县内相当于区的猴场布依族自治区和镇宁县内相当于区的扁担山布依族自治区改为县属的区公所。
（二）同意撤销贵定专员公署，将贵定专员公署所属的贵定、贵筑、清镇、龙里、修文、瓮安、开阳、息烽等县和都匀专员公署所属的福泉县划归安顺专员公署领导，将安顺专员公署所辖的

国务院批准成立黔南布依族苗族自治州文件

省长周林分别率中央和贵州省各民主党派、群众团体代表团以及省内各地区代表团到会祝贺。大会听取并审议通过了《关于黔南地区六年来主要工作情况和今后工作意见的报告》，审议通过了《黔南布依族苗族自治州人民代表大会组织条例（草案）》，采用联合提名的办法和无记名投票的方式，选举韦茂文为黔南布依族苗族自治州州长，选举吴德祥（满族）、罗秉揖（布依族）、李占稳（汉族）、杨彬奎（布依族）、吴锡良（苗族）、班凤泉（布依族）、陆庆美（水族）为副州长，选举韦时平（布依族）为黔南布依族苗族自治州中级人民法院院长。根据国务院《关于贵州省设置黔东南苗族侗族自治州和黔南布依族苗族自治州的请示报告的批复》[（56）国议习字第30号]文件批复，1956年8月8日，黔南布依族苗族自治州人民委员会正式成立。大会还通过了向党中央、毛主席、全国人民代表大会常务委员会以及省委、省人委和人民解放军、志愿军全体指战员的致敬电。

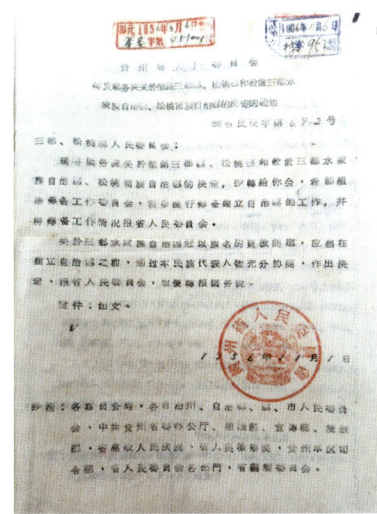 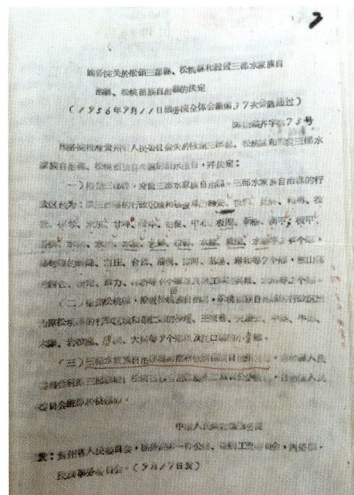 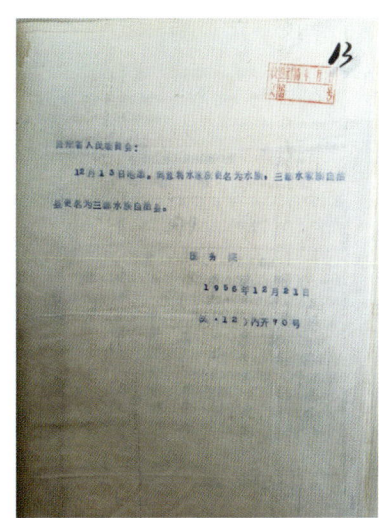

国务院批准成立三都水族自治县文件

1957年1月2日,三都水族自治县成立了

1957年,三都水族自治县第一届人民代表大会第一次会议召开

根据1956年9月11日国务院《关于撤销三都县、松桃县和设置三都水家族自治县、松桃苗族自治县的决定》[(56)国议齐字第75号]和1956年12月21日国务院"同意将三都水家族自治县更名为三都水族自治县"的批复[(56·12)内齐90号],1957年1月2日,三都水族自治县正式成立。

三、民族法制建设

自治州成立以来，黔南州积极推进民族区域自治地方立法，推动出台了《黔南布依族苗族自治州自治条例》。《条例》于 1985 年 4 月 7 日黔南州第七届人民代表大会第五次会议通过、1986 年 7 月 11 日贵州省第六届人民代表大会常务委员会第十九次会议批准。

（一）自治条例的制定与实施

1951 年 9 月 5 日，贵州省独山专区第一届各族各界人民代表会议召开，会议遵照《中国人民政治协商会议共同纲领》和《贵州省各界人民代表会议组织通则》的规定，审议通过了《贵州省独山专区第一届各族各界人民代表会议组织条例》和《贵州省独山专区第一届各族各界人民代表会议协商委员会组织条例》。

1956 年 8 月 1 日，黔南布依族苗族自治州第一届人民代表大会第一次会议召开。会议审议通过了《黔南布依族苗族自治州人民代表大会组织条例（草案）》和《黔南布依族苗族自治州人民委员会组织条例（草案）》，报请全国人大常委会批准实施。

改革开放初期，在总结经验的基础上，黔南州着手起草《黔南布依族苗族自治州自治条例》。条例共分总则、自治机关、人民法院和人民检察院、民族关系、经济建设、财政管理、教育科学文化卫生体育事业、附则等内容。1985 年 4 月 7 日，黔南布依族苗族自治州第七届人民代表大会第五次会议讨论、审议通过了《黔南布依族苗族自治州自治条例（草案）》。1986 年 7 月 11 日，贵州省第六届人大常委会第十九次会议批准了《黔南布依族苗族自治州自治条例》，于 1987 年 1 月 1 日起施行。《条例》是全州各族人民在中国共产党领导下，在马列主义、毛泽东思想指导下，坚持人民民主专政、坚持社会主义道路取得的重要制度成果，为全州各族人民自力更生、艰苦奋斗、集中力量推进社会主义现代化建设，努力把黔南建设成为经济繁荣、文化发达、民族团结、社会安定、人民富裕的民族自治地方奠定了坚实的法律基石。

1989 年 3 月 14 日，黔南布依族苗族自治州第八届人民代表大会第五次会议举行。会议审议了《黔南布依族苗族自治州自治条例修正案》。《修正案》将原自治条例第三十五条第二款"自治州的自治机关维护土地公有制,不准侵占、买卖、出租或以其他方式非法转让土地"修改为"自治州自治机关维护土地公有制,任何组织或个人不得侵占、买卖或以其他方式非法转让土地。土地的使用权可以依照法律规定转让"。会议通过了这一《修正案》,并报请省人大常委会审批。

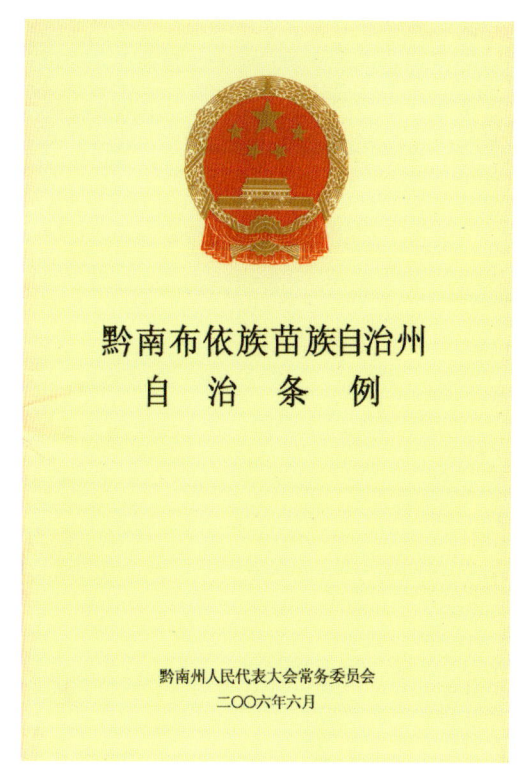

2002年8月15日,黔南布依族苗族自治州第十一届人民代表大会常务委员会第九次会议作出关于修改《黔南布依族苗族自治州自治条例》的补充决定。2003年,州人大常委会组织力量对《黔南布依族苗族自治州自治条例》的修订工作开展调研。州第十一届人民代表大会常务委员会第十九次会议审议《黔南布依族苗放自治州自治条例》修改稿第九稿。

2005年10月,黔南布依族苗族自治州第十一届人民代表大会常务委员会第三十三次会议听取关于《黔南布依族苗族自治州自治条例修订案(草案)》的说明。2006年,州第十一届人民代表大会第七次会议审议通过了《黔南布依族苗族自治州自治条例修订案》。

2006年3月30日,贵州省第十届人民代表大会常务委员会第二十次会议批准了《关于修改〈黔南布依族苗族自治州自治条例〉的决定》,由黔南布依族苗族自治州人民代表大会常务委员会公布施行。

(二)单行条例的制定与实施

以自治条例为基础,黔南州在抓立法计划和推动落实方面作了积极探索,取得了阶段性进展。1997年,州人大常委会制定了《黔南布依族苗族自治州1997—2000年民族立法计划(试行)》,并成立了由14人组成的民族立法领导小组。

1998年，为贯彻实施党和国家关于依法治国、建设社会主义法治国家的基本方略，根据省人大常委会《关于开展依法治省的决议》和州委《关于开展依法治州决定》，州人大常委会于1998年11月26日作出了《关于依法治州的决议》，加快了黔南自治州单行条例制定的步伐。2002年12月4日，黔南布依族苗族自治州第十一届人民代表大会第三次会议审议通过了《黔南布依族苗族自治州立法办法（草案）》。

数十年来，黔南州根据《中华人民共和国宪法》《中华人民共和国民族区域自治法》等国家法律法规和黔南布依族苗族自治州《自治条例》《立法办法》等，结合实际推动出台了19部地方性配套法规文件，具体包括：《黔南布依族苗族自治州执行〈中华人民共和国婚姻法〉变通规定（草案）》（1992年11月黔南布依族苗族自治州第九届人民代表大会第三次会议审议通过报省人大常委会批准）；《黔南布依族苗族自治州个体工商户和私营企业权益保护条例》（1997年11月27日黔南布依族苗族自治州第十届人民代表大会第三次会议通过，1998年5月23日贵州省第九届人民代表大会常务委员会第二次会议批准，根据2006年2月26日黔南布依族苗族自治州第十一届人民代表大会第七次会议通过、2006年9月22日贵州省第十届人民代表大会常务委员会第二十三次会议批准的《黔南布依族苗族自治州人民代表大会关于修改〈黔南布依族苗族自治州个体工商户和私营企业权益保护条例〉的决定》予以修正）；《黔南布依族苗族自治州惩治生产销售假冒伪劣商品违法行为条例》（1997年11月27日黔南布依族苗族自治州第十届人民代表大会第三次会议通过，1998年5月23日贵州省第九届人民代表大会常务委员会第二次会议批准）；《黔南布依族苗族自治州城镇建设管理条例》（1999年3月27日黔南布依族苗族自治州第十届人民代表大会第五次会议通过，1999年7月27日贵州省第九届人民代表大会常务委员会第十次会议批准，根据2006年2月26日黔南布依族苗族自治州第十一届人民代表大会第七次会议通过、2006年9月22日贵州省第十届人民代表大会常务委员会第二十三次会议批准的《黔南布依族苗族自治州人民代表大会关于修改〈黔南布依族苗族自治州城镇建设管理条例〉的决定》予以修正）；《黔南布依族苗族自治州科学技术进步条例》（1999年3月27日黔南布依族苗族自治州第十届人民代表大会第五次会议通过，1999年7

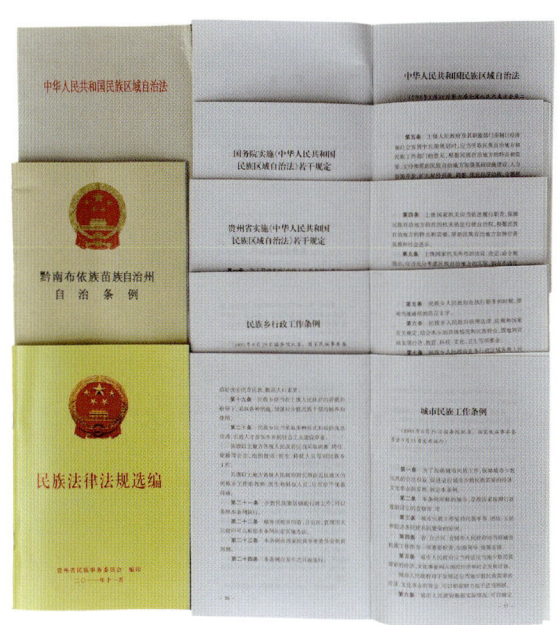

民族法律法规

月 27 日贵州省第九届人民代表大会常务委员会第十次会议批准）；《黔南布依族苗族自治州档案管理奖励与处罚办法》（2000 年 3 月 31 日黔南布依族苗族自治州第十届人民代表大会第六次会议通过，2000 年 5 月 27 日贵州省第九届人民代表大会常务委员会第十六次会议批准）；《黔南布依族苗族自治州荔波樟江风景名胜区管理条例》（2001 年 4 月 29 日黔南布依族苗族自治州第十一届人民代表大会第一次会议通过，2001 年 7 月 21 日贵州省第九届人民代表大会常务委员会第二十三次会议批准）；《黔南布依族苗族自治州岩溶资源保护条例》（2007 年 2 月 11 日黔南布依族苗族自治州第十二届人民代表大会第一次会议通过，2007 年 3 月 30 日贵州省第十届人民代表大会常务委员会第二十六次会议批准）；《黔南布依族苗族自治州畜禽防疫条例》（2010 年 2 月 27 日黔南布依族苗族自治州第十二届人民代表大会第五次会议通过，2010 年 7 月 28 日贵州省第十一届人民代表大会常务委员会第十六次会议批准）；《黔南布依族苗族自治州旅游发展条例》（2011 年 3 月 2 日黔南布依族苗族自治州第十二届人民代表大会第六次会议通过，2011 年 7 月 29 日贵州省第十一届人民代表大会常务委员会第二十三次会议批准）；《黔南布依族苗族自治州促进茶产业发展条例》（2014 年 2 月 21 日黔南布依族苗族自治州第十三届人民代表大会第四次会议通过，2014 年 5 月 17 日贵州省第十二届人民

黔南布依族苗族自治州人大常委会公布的条例

代表大会常务委员会第九次会议批准）；《黔南布依族苗族自治州剑江河流域保护条例》（2015年2月13日黔南布依族苗族自治州第十三届人民代表大会第五次会议通过，2015年5月25日贵州省第十二届人民代表大会常务委员会第十五次会议批准）；《黔南布依族苗族自治州立法条例》（2016年2月29日黔南布依族苗族自治州第十三届人民代表大会第六次会议通过，2016年3月31日贵州省第十二届人民代表大会常务委员会第二十一次会议批准）；《黔南布依族苗族自治州古树名木保护条例》（2016年2月29日黔南布依族苗族自治州第十三届人民代表大会第六次会议通过，2016年5月27日贵州省第十二届人民代表大会常务委员会第二十二次会议批准）；《黔南布依族苗族自治州500米口径球面射电望远镜电磁波宁静区环境保护条例》（2016年7月6日黔南布依族苗族自治州第十三届人民代表大会常务委员会第三十三次会议通过，2016年7月29日贵州省第十二届人民代表大会常务委员会第二十三次会议批准，根据2019年5月31日贵州省第十三届人民代表大会常务委员会第十次会议批准的《黔南布依族苗族自治州第十四届人民代表大会常务委员会第十五次会议关于修改〈黔南布依族苗族自治州500米口径球面射电望远镜电磁波宁静区环境保护条例〉的决定》予以修正）；《黔南布依族苗族自治州天然林保护条例》（2017年12月21日黔南布依族苗族自治州第十四届人民代表大会常务委员会第五次会议通过，2018年3月30日贵州省第十三届人民代表大会常务委员会第二次会议批准）；《黔南布依族苗族自治州民族医药保护发展条例》（2018年2月8日黔南布依族苗族自治州第十四届人民代表大会第三次会议通过，2018年5月31日贵州省第十三届人民代表大会常务委员会第三次会议批准）；《黔南布依族苗族自治州水书文化保护条例》（2018年8月23日黔南布依族苗族自治州第十四届人民代表大会常务委员会第十次会议通过，2018年9月20日贵州省第十三届人民代表大会常务委员会第五次会议批准）；《黔南布依族苗族自治州涟江流域保护条例》（2019年6月20日黔南布依族苗族自治州第十四届人民代表大会常务委员会第十六次会议通过，2019年12月1日贵州省第十三届人民代表大会常务委员会第十三次会议批准）。此外，近年还分别制定了《黔南州林木种苗管理条例》《黔南州文物保护管理办法》《黔南州加快民族乡经济发展办法》《黔南州外来投资者权益保护条例》《都匀经济开发区管理条例》等，有力地推动了黔南州经济社会各项事业的发展，依法治州、用法律保障民族团结的法律体系初步形成，对黔南州改革发展稳定起到了极为重要的作用。

四、干部队伍的建设

中华人民共和国成立初期，全州少数民族干部很少。据1952年统计，全州干部6468人，其中少数民族干部670人，占干部总数的10.36%。1953年，党中央召开全国第二次组织工作会议，地区党委对少数民族干部培养做了大量工作，至1956年自治州成立，全州少数民族干部达1935人，占干部总数的16%。党的十一届三中全会后，中共黔南州委、州人民政府更加重视少数民族干部培养、选拔、任用工作，少数民族干部队伍发展迅猛。1987年底，全州少数民族干部18082人，占干部总数的37%。1990年底，全州少数民族干部21478人，占干部总数的39.2%。1995年，全州少数民族干部28680人，占干部总数的44.47%。2000年，全州少数民族干部49246人，占干部总数的61.25%。2003年，全州少数民族干部41107人，占干部总数的52.72%。

少数民族干部中，各民族干部的结构比例不同时期有所不同。据1955年统

韦茂文与州领导班子成员研究工作

计,全州1741名少数民族干部中,布依族1010人,占58%;苗族390人,占22.4%;水族168人,占9.6%;其他民族干部173人,占9.9%。20世纪70年代以后,布依族干部的比例较高,在63%~64%之间,其中1982年比例最高,达65.1%;苗族比例略有下降,比例在18%~20%之间,至1988年下降为17.7%;水族比例在10%~12%之间徘徊。到20世纪90年代,民族干部比例基本维持70年代末的情况。如,1992年布依族干部占67.89%,苗族占17.18%,水族占11.33%,其他民族干部占7.56%。

随着社会的发展,全州少数民族干部的文化水平不断提高。中华人民共和国成立初期,少数民族干部大多数是从农村提拔,文化程度低,大部分是高小以下或文盲、半文盲,只有少数具有初、高中以上文化程度。如,1958年全州少数民族干部中,高小以下文化程度占62%,初中文化程度占28.5%,高中(中专)文化程度占8.2%,大专以上文化程度仅占1.3%;1990年全州少数民族干部中,初中以下文化程度25.7%，高中（中专）文化程度占58.5%，大专以上文化程度占15.9%。另外，少数民族干部职业结构也发生了较大变化。中华人民共和国成立初期，州内少数民族干部职业结构单一，行政干部多，专业技术干部少。随着经济发展，专业技术干部比例不断提高。如，1988年全州19255名少数民族干部中，各类专业技术干部11234人，占少数民族干部总数的58.3%。

在少数民族干部队伍不断发展、壮大的同时，少数民族领导干部也茁壮成长。如，1958年全州党政系统中，担任州级领导的少数民族干部10人，县级干部98人；至1987年，少数民族担任州四大班子领导干部21人，县级干部139人。在历届州委领导干部中，第一届正副书记6人，其中少数民族3人，占50%；第二届正副书记11人，其中少数民族3人，占27.3%；第三届（"文化大革命"时期）正副书记11人，其中少数民族5人，占45.5%；第四届正副书记9人，其中少数民族5人，占55.6%；第五届正副书记4人，其中少数民族2人，占50%；第六届正副书记5人，其中少数民族2人，占40%；第七届正副书记4人，其中少数民族1人，占25%；第八届正副书记5人，其中少数民族2人，占40%。历届州政府领导干部中，第一届至第三届正副州长8人，其中少数民族7人，占87.5%；第四届正副州长9人，其中少数民族7人，占77.8%；第五届正副州长8人，其中少数民族6人，占75%；第六届（"文化大革命"时期）正副州长17人，其中少数民族5人，占29.4%；第七届正副州长8人，其中少数民族6人，占75%；第八届正副州长7人，其中少数民族5人，占71.4%。

在党的领导下，逐步成长起来的少数民族干部为黔南州的繁荣发展、为祖国的社会主义现代化建设事业，虚心学习，努力工作，深入实际，密切联系群众，全心全意为人民服务，逐渐成长为参与国家政治生活和管理民族内部事务、带领全州各族人民进行社会主义现代化建设的中坚力量。

黔南州始终坚持中国共产党的领导，全面贯彻党的民族政策和民族区域自治制度，谱写了各族人民"共同团结奋斗、共同繁荣发展"的新篇章。进入新时代，黔南州各族人民更加紧密地团结在以习近平同志为核心的党中央周围，增强"四个意识"，坚定"四个自信"，做到"两个维护"，以铸牢中华民族共同体意识为主线，为全面建成小康社会、实现中华民族伟大复兴的中国梦奋勇前进！

建设成就篇

黔南州坚持以习近平新时代中国特色社会主义思想为指导，深入贯彻党的十九大和十九届二中、三中、四中全会精神，坚持稳中求进工作总基调，贯彻新发展理念，坚持高质量发展，坚守发展和生态两条底线，聚力打好"三大攻坚战"，统筹推进稳增长、促改革、调结构、惠民生、防风险、保稳定各项工作，全州经济社会持续健康发展。

一、经济建设

自建州以来，全州各族干部群众团结奋进，黔南州发生了翻天覆地的变化。特别是党的十八大以来，紧紧围绕统筹推进"五位一体"总体布局和协调推进"四个全面"战略布局，紧扣决战决胜脱贫攻坚目标任务，全面做好"六稳"工作，落实"六保"任务，大力实施创新型驱动、开放型后发赶超、"一圈两翼"区域发展三大战略，综合实力迈上新台阶，交通发展跨入新时代，工业强州获得新突破，农业生产取得新成效，经济社会保持健康稳定发展，改革创新迈出新步伐。

关于"一圈两翼"

中共黔南州委十届三次全会明确提出"一圈两翼"的发展战略，精准定位"一圈"是指包含都匀、福泉、瓮安、独山、贵定昌明等地在内的"泛都匀"经济圈；"两翼"是指"生态民族文化旅游经济区"的"南翼"和"环贵阳经济带"的"北翼"，前者包含三都、荔波、罗甸、平塘等县，后者涵盖贵定、惠水、长顺、龙里、瓮安等县。

"都匀经济圈"重点构建"都匀—福泉—昌明核心区""中部经济带""瓮安、独山两极"的"一核、一带、两极"空间结构。通过加快以都匀为中心的核心区建设，做大做强瓮（安）福（泉）都（匀）独（山）优势产业和城镇经济带，推进福泉—瓮安组团式发展等，重点推进工业化、城镇化的率先发展区，将黔南州打造成贵州南部区域性城市集聚带和主要经济增长极，全国和贵州重要的磷化工基地、装备制造基地、新兴产业基地、承接产业转移基地和文化旅游发展区，区域性交通枢纽和商贸物流中心。

"北翼"将构建环贵阳卫星城市和产业经济带。通过加快贵（定）龙（里）惠

（水）长（顺）经济带发展，推进龙里—贵定、惠水—长顺两大组团建设，充分发挥环贵阳发展的比较优势，以融入贵阳和黔中经济区发展为重点，努力把"北翼"打造成为贵阳南部重要的战略拓展区和承接产业转移区，黔南州北部工业化、城镇化的加速发展区，环贵阳卫星城市带、新型工业和现代服务业聚集区、都市型现代农业发展区，环贵阳生态文化休闲旅游带和绿色生态屏障，贵阳东南部重要的节点物流商贸基地。

"南翼"将打造绿色经济和生态文明示范区。通过加快构建三（都）荔（波）独（山）平（塘）罗（甸）特色产业和城镇发展带，着力推进荔波—三都、平塘—罗甸生态文化旅游组团发展，充分发挥资源和区位交通优势，努力把"南翼"打造成为全省乃至全国绿色经济和生态文明示范区，特色产业基地和黔桂区域合作示范区，生态民族文化旅游创新示范区和国际旅游目的地，珠江上游重要生态屏障。

（一）脱贫攻坚

黔南州地处贵州省贫困程度最深、贫困面最广、贫困人口最多的麻山、瑶山、月亮山"三山"腹地，全州12个县（市）中，有10个贫困县，其中有6个国家扶贫开发工作重点县，10个县属滇桂黔石漠化连片特困地区，1个深度贫困县，1个享受深度贫困县政策扶持县，脱贫攻坚的担子非常沉重。1986年国家实施农村扶贫开发活动以来，特别是党的十八大以来，黔南州按照习近平总书记"一个民族都不能少"的重要指示精神和省委省政府的统一部署，以脱贫攻坚统领经济社会发展全局，坚持"四级书记"抓脱贫攻坚和党政一把手负总责的责任制，州四家班子领导直接抓贫困乡镇、联系包保贫困村，牢记嘱托，感恩奋进，砥砺前行，推动技术人才下沉，集中优势力量打攻坚战，共选派3490名干部到698个贫困村开展驻村帮扶，实现帮扶全覆盖，发动了声势浩大的精准扶贫、精准脱贫攻坚战，形成了"七个一""精准打法十条"等行之有效的工作机制，向绝对贫困发起最后猛攻。

2014年至2018年期间，黔南州瓮安、龙里、贵定、惠水县相继退出贫困县。截至2019年底，全州累计减少农村贫困人口65.09万人，贫困发生率从2015年底的16.45%降至2019年底的0.68%，贫困人口按现行标准全部脱贫。至此，黔南州 10 个贫困县提前一年摆脱区域性整体贫困，黔南人民实现从温饱到小康的历史性跨越。

1. 好政策指引前进方向

党的十八大以来，为把党中央、国务院决策部署贯彻落实到位，中共贵州省委、省人民政府及中共黔南州委、州人民政府围绕落实打赢脱贫攻坚战决策部署，出台了涉及基础建设、精准扶贫、生态保护、产业发展、教育扶持、就业引导、医疗救助、农村低保、移民搬迁等脱贫攻坚系列文件，构建起了适应精准扶贫需要的政策体系。

中共黔南州委办公室文件

黔南委办字〔2017〕65号

中共黔南州委办公室 黔南州人民政府办公室关于印发《黔南州同步小康驻村工作十条规定》的通知

各县（市）党委、人民政府，都匀经济开发区党工委、管委会，州委各部委，州级国家机关各部门，都匀军分区，各人民团体：

《黔南州同步小康驻村工作十条规定》已经州委党的建设工作领导小组会议研究同意，现予以印发，请认真贯彻执行。

中共黔南州委办公室
黔南州人民政府办公室
2017年8月25日

（此件发至县级）

中共黔南州委办公室文件

黔南委办字〔2017〕66号

中共黔南州委办公室 黔南州人民政府办公室印发《关于建强村级干部队伍决胜脱贫攻坚的意见》的通知

各县（市）党委、人民政府，都匀经济开发区党工委、管委会，州委各部委，州级国家机关各部门，都匀军分区，各人民团体：

《关于建强村级干部队伍决胜脱贫攻坚的意见》已经州委党的建设工作领导小组会议研究同意，现予以印发，请认真贯彻执行。

中共黔南州委办公室
黔南州人民政府办公室
2017年8月25日

〔此件发至镇（乡、街道）〕

中共黔南州委文件

黔南党发〔2018〕1号

中共黔南州委 黔南州人民政府关于落实乡村振兴战略的实施意见

（2018年4月9日）

为深入贯彻落实党的十九大乡村振兴战略部署，进一步推进黔南乡村全面振兴。根据《中共中央国务院关于实施乡村振兴战略的意见》和《中共贵州省委贵州省人民政府关于乡村振兴战略的实施意见》，结合黔南实际，制定如下实施意见。

一、主要目标

2018年，全面完成乡村振兴规划并启动实施。以"中国天眼"乡村振兴示范区建设为引领，推动每个县（市）打造1个以上乡

中共黔南州委文件

黔南党发〔2018〕9号

中共黔南州委 黔南州人民政府关于深入实施打赢脱贫攻坚战三年行动发起总攻夺取全胜的实施意见

（2018年7月13日）

为深入学习贯彻习近平扶贫思想，全面落实《中共中央国务院关于打赢脱贫攻坚战三年行动的指导意见》《中共贵州省委贵州省人民政府关于深入实施打赢脱贫攻坚战三年行动发起总攻夺取全胜的决定》精神，确保与全国全省同步全面建成小康社会，现就我州打赢脱贫攻坚战，发起总攻、夺取全胜，提出以下实施意见。

黔南州扶贫开发领导小组文件

黔南扶贫领〔2018〕12号　　签发人：唐德智 吴胜华

黔南州扶贫开发领导小组关于州四家班子主要领导率队开展脱贫攻坚工作督查的通知

各县（市）党委、人民政府，州直有关部门：

为扎实推进脱贫攻坚问题整改和专项治理工作，确保脱贫攻坚各项目标任务取得实效，州委、州政府决定对各县（市）脱贫攻坚工作情况进行督查。现将有关事项通知如下：

一、督查时间

2018年6月28日至7月31日，督查时间由各督查组自行确定。

二、督查方式

采取听取汇报、实地查看、座谈交流、入户调查、查阅资料等方式进行。每个县（市）抽查不少于2个镇（乡、街道），每个镇（乡、街道）抽查不少于2个村（社区），每个村入户调查不少于10户。

黔南州扶贫开发领导小组文件

黔南扶贫领〔2018〕17号　　签发人：吴胜华

黔南州扶贫开发领导小组关于印发《黔南州逐村复核逐户过堂工作机制》的通知

各县（市）扶贫开发领导小组：

《黔南州逐村复核逐户过堂工作机制》已经州扶贫开发领导小组研究并原则通过，现予印发给你们，请认真抓好贯彻执行。

附件：黔南州逐村复核逐户过堂工作机制

黔南州扶贫开发领导小组
2019年8月29日

黔南州扶贫开发领导小组办公室

黔南扶贫领办〔2018〕21号

黔南州扶贫开发领导小组办公室关于印发《黔南州脱贫攻坚"住房安全有保障"指导意见》的通知

各县（市）扶贫开发领导小组、州扶贫开发领导小组成员单位：

州委组织拟定的《黔南州脱贫攻坚"住房安全有保障"指导意见》已经州政府领导同意，现印发给你们，请结合实际，认真抓好贯彻落实。

黔南州扶贫开发领导小组办公室
2018年3月30日

黔南州扶贫开发领导小组文件

黔南扶贫领〔2019〕8号　　签发人：唐德智、吴胜华

黔南州扶贫开发领导小组关于印发《2019年黔南州已摘帽县非贫困县剩余贫困人口清零行动方案》的通知

各县（市）扶贫开发领导小组、州扶贫开发领导小组成员单位：

《2019年黔南州已摘帽县非贫困县剩余贫困人口清零行动方案》已经州扶贫开发领导小组研究同意，现印发给你们，请遵照执行。

黔南州扶贫开发领导小组
2019年5月16日

黔南州扶贫开发领导小组文件

黔南扶贫领〔2019〕9号　　签发人：唐德智、吴胜华

黔南州扶贫开发领导小组关于印发《黔南极贫乡镇脱贫攻坚方案》的通知

各县（市）扶贫开发领导小组、州扶贫开发领导小组成员单位：

《黔南州极贫乡镇脱贫攻坚方案》已经州扶贫开发领导小组研究同意，现印发给你们，请遵照执行。

黔南州扶贫开发领导小组
2019年5月16日

同步小康驻村工作队出征

荔波县"伙计干部"与瑶族群众"打伙计"结对帮扶

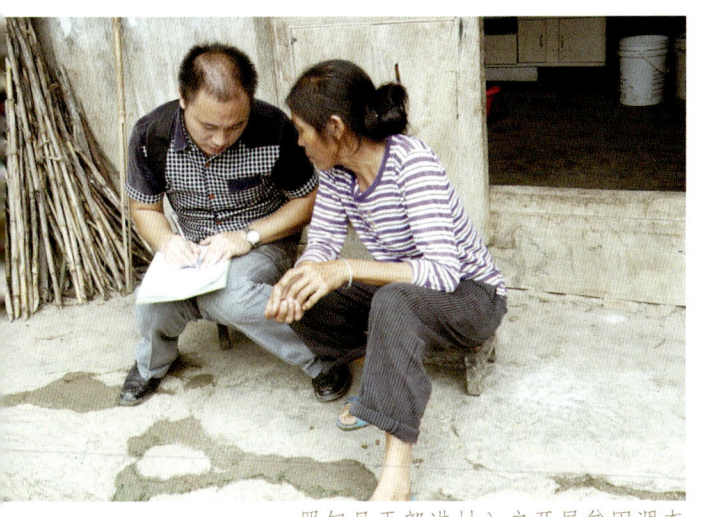
罗甸县干部进村入户开展贫困调查

长顺县基层党员指导农户种植特色药材

2. 党建引领脱贫作用明显

打响脱贫攻坚硬仗中，黔南州坚持党建引领，各级党组织和广大党员干部勇挑重担、冲锋在前，用最优资源筑牢脱贫攻坚主阵地，用最强兵力奋战脱贫攻坚主战场，用最强能量唱响脱贫攻坚主旋律，让飘扬在脱贫攻坚一线的党旗愈加鲜艳。

背篼干部为群众送物资

农村公路组组通

3. 基础设施持续改善

基础设施建设是脱贫攻坚"四场硬仗"中的首要硬仗。黔南州按照"打赢脱贫攻坚战三年行动方案"和小康建设"六项行动"要求，积极推进"水、电、路、讯、房、寨"等基础设施建设。基础设施的改善，让群众脱贫致富的路子越走越宽广。

农村客运村村通

供电局技术人员为瑶寨搬迁户检修电路

农村电网升级改造

甘泉到苗寨

驻村工作队开展整组搬迁入户动员

4. 易地扶贫搬迁持续推进

黔南州坚持以岗定搬、以产促搬，建搬结合，扎实推进易地扶贫搬迁，贫困群众搬得出、稳得住、能发展，确保搬出一片幸福新天地。

搬离"穷窝"

开往幸福的班车

高高兴兴进新居

搬迁群众实现就近就业

幸福社区里的扶贫车间

设施齐全的易地扶贫搬迁安置小区

美丽乡村,美丽校园

留守儿童之家——"四点半学校"

5. 教育医疗住房"三保障"

黔南州立足于在发展中补齐民生短板,在深入开展脱贫攻坚中不断增进民生福祉。以教育扶贫工程为引领,启动实施学前教育3年行动计划、农村义务教育学生营养改善计划和全面改善农村义务教育薄弱学校基本办学条件计划,教育精准扶贫全面铺开。农村医疗卫生实现全覆盖,在全省率先推出"先诊疗后付费"政策,实现"一站式"即时结报,减轻了老百姓就医看病的经济负担,医疗保障救助体系进一步完善。农村危房改造工作有序推进,兜底保障民生安全网进一步编密织牢,全州人民在共建共享发展中享有更多保障和获得感。

学生营养午餐

健康知识宣传进村入户

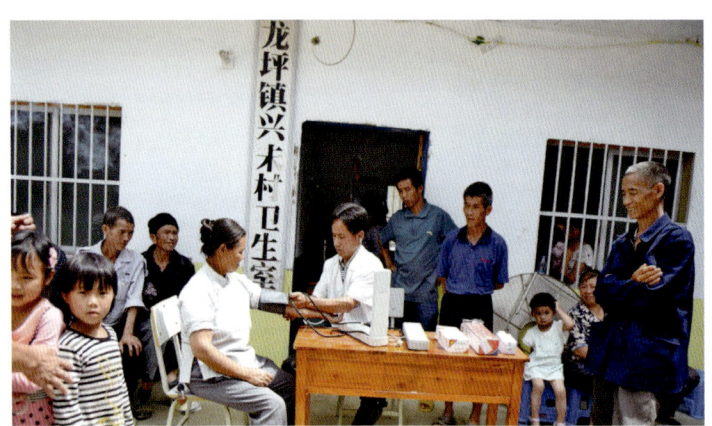
村卫生室方便百姓看病，群众健康更有保障

医疗义诊进易地扶贫搬迁社区

家庭医生上门服务

搬迁前的老屋

搬迁安置小区

破旧的老厨房

敞亮的新厨房

都匀市良亩蔬菜获丰收

6. 产业扶贫基础夯实

黔南州紧扣"八要素",践行"五步工作法",深入推进思想观念、发展方式、工作作风的革命,加快推动产业扶贫和特色农业产业发展,农业综合产能稳步提升,农业农村经济又好又快发展。立足自身资源禀赋,坚定不移地推进产业扶贫和500亩以上坝区产业结构调整,充分发挥统筹管理、综合协调、技术服务的职能作用,坚决打好脱贫攻坚产业扶贫攻坚战。全州贫困村建立了农民专业合作社,当地的贫困群众参加的农民专业合作社实现技术团队100%覆盖,为农业产业扶贫奠定了坚实基础,农村群众分享到了发展的红利。

福泉市村民种植药材走上脱贫致富路

长顺县鼓扬联富绿壳蛋鸡养殖农民专业合作社分红现场

百香果成为平塘县农民"致富果"

哈密瓜让罗甸县农民富起来

龙里县花农采摘非洲菊

荔波县形成以荔波蜜柚为龙头产品的产业基地

瓮安县岚关乡灵芝种植基地

烤烟是黔南的特色产业之一

巴西菇成了三都水族自治县群众的"金宝贝"

茶园是茶农的"绿色银行"

思想扶贫宣传队向贫困户讲解精准扶贫相关政策

针对易地扶贫搬迁群众开展市民化培训

组织贫困户参与村民自治

7. 志智双扶，物质精神"双脱贫"

为把党的十九大关于"坚持大扶贫格局，注重扶贫同扶志、扶智相结合"的部署要求贯彻落实到位，黔南州结合少数民族地区实际，探索开展"志智双扶·感恩奋进"思想扶贫活动，进一步激发广大贫困群众脱贫奔小康的内生动力，积极助推物质精神"双脱贫"。

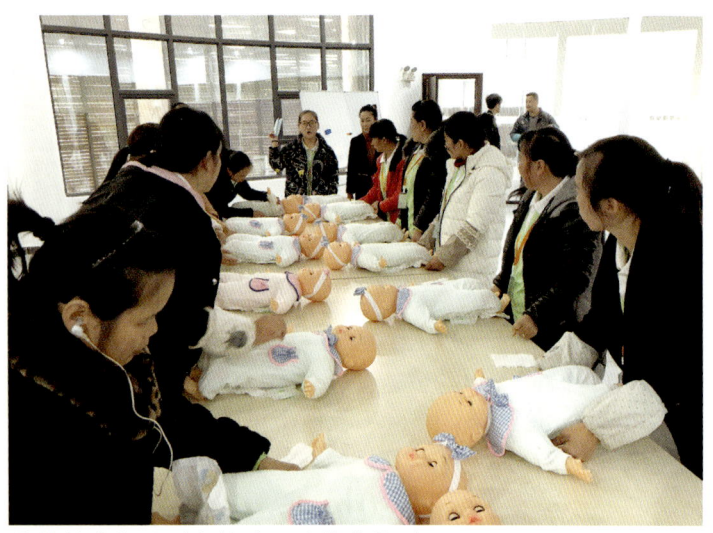
易地扶贫搬迁群众接受职业技能培训

水族马尾绣技艺提升暨妇女庭院经济发展培训

农业专家向农户传授玉米病虫害防治技术

桑蚕专家团队向荔波县农民传授种植技术

无锡灵山慈善基金会援建的三都水族自治县扬拱小学学生食堂

国家林业和草原局资助建设的独山县本寨乡塘立中学

8. 社会帮扶聚合力

多年来，为助力黔南州打好打赢脱贫攻坚战，来黔南州定点帮扶的有中央统战部、国家林业和草原局、省直机关等有关单位，作为产业合作、劳务协作等协作帮扶城市的有广州、深圳，参与社会帮扶的组织有北京邮电大学、国投公司及有关企业等。在国家部委、省直机关及高校、企业等的大力支持下，汇聚形成了助力黔南脱贫攻坚的强大合力。

国家林业和草原局开办技术扶贫培训班

发往对口帮扶城市广州的平塘县"就业快递"

广州对口帮扶黔南州暨绿色优质农产品产销对接会

三都水族自治县贫困劳动力赴广州就业

深圳市盐田港集团帮扶建设的荔波县人民医院医技楼

深圳市援建的三都水族自治县鹏城希望学校

贫困户入股"特惠贷",参与企业分红

北京邮电大学到长顺县开展扶贫慰问演出

爱心企业到三都水族自治县开展"百企帮百村"精准扶贫

（二）特色优势产业发展

黔南州坚持调优结构、转型升级，大力发展工业和实体经济，纵深推进农村产业革命，深入推进以旅游业为龙头的服务业供给侧结构性改革，唱响"好花红"民族文化品牌，经济基本保持中高速增长。地区生产总值不断增长，经济发展综合测评持续保持全省前列。经济总量在全国 30 个少数民族自治州中的排位从第 6 位上升至第 3 位，综合实力显著提升。

1. 现代山地高效农业

黔南州坚持走特色化、区域化、规模化、标准化、产业化农业发展之路，根据产业基础和资源分布情况，结合全州建设"一圈两翼"区域经济发展战略，以生态保护为前提，着力规划建设现代山地特色高效种植业和养殖业，以及接二连三产业，构建一二三产充分融合的现代山地特色高效农业产业布局。

都匀毛尖

"千年茶韵 百年荣耀 都匀毛尖 再续传奇"

黔南州地处低纬度、高海拔、寡日照、多云雾，气候条件优越，适宜种茶，其茶叶种植历史悠久、茶文化积淀深厚。唐贞观九年（635 年）起，历唐宋元明清，黔南州一直是朝廷贡茶出产地。尤其是都匀毛尖茶（原名鱼钩茶）久负盛名，曾于 1915 年在美国荣获巴拿马万国博览会金奖，1956 年被毛主席亲笔命名"都匀毛尖茶"，1982 年被评为"中国十大名茶"，2005 年和 2010 年被国家工商总局和国家质检总局批准注册为证明商标和地理标志产品保护，2010 年入选"中国世博十大名茶"。先后荣获"中华老字号""国家级非物质文化遗产""贵州省著名商标"等称号，获得国际绿茶金奖等国内外奖项 30 余个。

都匀百里毛尖长廊茶园

2014年3月7日，习近平总书记在参加第十二届全国人民代表大会第二次会议贵州省代表团全体会议审议时说："我知道贵州的都匀毛尖，毛尖茶味道一般比较清淡，像贵州这种高海拔、低纬度、多云雾的地方，可以保持较为适宜的温度，能出好茶，希望你们把都匀毛尖品牌打出去"。中共贵州省委、省人民政府高度重视，明确把都匀毛尖品牌作为全省主推的茶叶品牌之首，赋予了"都匀毛尖"引领黔茶出山的重任。

都匀毛尖茶园

都匀茶文化博览园

国家级非物质文化遗产——都匀毛尖茶传统炒制工艺

贵州龙原都匀毛尖茶厂机械制茶生产线

贵州省茶产业发展大会暨都匀毛尖世博名茶百年品牌推介活动现场

特色农业

黔南州现代山地特色高效农业产业总体布局为"一个核心片、半条环城圈、两双发展翼、三大融合区"。"一个核心片"是指黔南州现代山地特色高效农业发展核心片区，包括都匀、惠水、龙里、长顺、罗甸和贵定。该片区集现代山地特色高效农业发展的资金、科技、人才、信息、服务等于一体，囊括现代山地特色高效种养殖精品示范、现代农产品加工和流通、农业休闲旅游观光等，通过现代山地特色高效农业促进一二三产业深度融合发展，是驱动黔南州现代山地特色高效农业发展的核心驱动源，对全州现代山地特色高效农业发展具有决定性牵引作用。

"半条环城圈"是指环贵阳现代都市农业发展圈，包括贵定、惠水、长顺、龙里、瓮安，结合环贵阳、邻贵安经济带中的项目。以现代农业园区、景区景点、龙头企业为核心，发挥地缘优势，突出"互联网+"，抓好现代山地特色高效农业与大数据、大健康、大物流等产业的结合，大力发展休闲旅游观光农业，带动三产融合，推动农业生产、农产品加工、农资服务、农产品商贸流通、都市休闲等为一体。

"两双发展翼"是指山地特色高效农业一体化发展北翼、现代农业产业转型协同发展南翼，是黔南州现代山地特色高效农业发展的基础。北翼包括龙里、贵定、惠水、长顺、瓮安、福泉，南翼包括荔波、平塘、三都、罗甸、独山。依托南北两翼，积极开发外向型蔬菜产业、品牌化水果产业、绿色型粮油产业、精致化茶产业、优质型中药材产业、高产型木本油料产业、多样化花卉苗木产业、规模化生猪产业、健康型肉牛（奶牛）产业、生态型牧草产业、道地型家禽产业、科技型水产产业等特色农产品示范基地建设，依靠科技进步实现农业集约化生产。

"三大融合区"是指惠水县好花红蔬果"三产融合"示范区、长顺县广顺高钙苹果"三产融合"示范区和罗甸县龙坪火龙果"三产融合"示范区。依托现代高效农业示范园区和"185工程"建设成果，在推进农业"三产融合"示范区的基础上，以三大融合区为引领，示范带动三产融合发展，打造融特色农产品加工、农业物流、休闲观光、康体养生、民族文化于一体的特色农业"三产融合"示范区，带动全州农业转型升级，成为支撑黔南农业发展、农民致富、农村稳定的农业引领性示范区。

独山县铁皮石斛产业

具体实例有：独山县铁皮石斛产业主要在独山县现代农业示范园区，以中药饮片加工、原药材提取和中成药产品开发等为重点，发挥铁皮石斛特色产业优势，推进铁皮石斛规范化种植和仿野生种植基地建设；三都水族自治县按照全县"一乡一业、多业共生，以短养长、长短结合，立体循环、高效发展"的产业思路，将葡萄作为主导产业来打造，葡萄种植规模不断扩大，经济效益日益明显，三都水族自治县获"中国水晶葡萄之乡"称号；惠水县着力发展花卉苗木产业，初步形成了滨河、沿路、环城生态景观带和特色花卉苗木生产基地的"三带一基地"花卉格局；龙里县刺梨产业蓬勃发展，已成为贵州乃至全国刺梨产业发展的领跑者，拥有"中国刺梨之乡""中国刺梨名县"称号，"龙里刺梨"被评为国家地理标志保护产品，一批刺梨产品成为贵州省著名商标，并被认定为绿色食品标志产品；长顺县依托得天独厚的山地特色资源优势，不断加大结构调整力度，探索出了"一业为主、多品共生、种养结合、以短养长"的"长顺做法"，长顺县高钙苹果荣获贵州"名牌产品"称号；罗甸县依托独特温室气候大力发展火龙果产业，通过线下直销和线上电商网络平台，罗甸火龙果远销北京、天津、南京、上海、重庆、长沙等高端城市，罗甸县因此荣获"中国火龙果之乡"称号，罗甸火龙果被评为国家地理标志保护产品。

三都水族自治县获"中国水晶葡萄之乡"称号

惠水县花卉苗木产业

龙里县刺梨产业

长顺县高钙苹果荣获贵州"名牌产品"称号

罗甸县火龙果产业

2. 工业强州

黔南州坚持实施"工业强州"战略,坚持稳中求进、提速转型,大力发展和引进高新技术,积极推进企业技术进步,着力培育和发展特色优势产业,调整优化工业发展布局,推进发展方式转变,推进新型工业规模化、集群化、集约化发展。通过实施"工业强州"战略,建立起了门类较为齐全的现代工业体系,磷煤化工、建材、冶金等支柱产业发展迅猛。2019年1-10月,州十大工业产业实现产值同比增长9.9%,10个工业产业中有9个产业保持增长,健康医药保持积极增长势头,增速29.4%,增速为所有行业最快。清洁高效电力产业(增长14.3%)、基础能源产业(增速13.4%)、优质烟酒(增长12.3%)、现代化工产业(增长12.1%)、基础材料产业(增长11.4%)维持双位数增长。先进装备制造产业(增长9.7%)、新型建材产业(增长5.3%)、生态特色食品产业(增长1.6%)保持稳定正向增长。

以全州工业园区为载体,重点围绕州十大千亿级工业产业开展建链、补链、延链、强链招商,产业重点企业配套及产业链发展逐步完善。目前,磷化工产业已形成以瓮福、川恒、金正大、天福化工、贵州泰福石膏有限公司等企业为重点,涵盖基础磷化工产品、精细磷加工产品、磷化工副产物加工,形成了"磷矿开采—精深加工—综合利用"的循环产业链;以海螺集团、红狮集团、豪龙水泥等大型水泥集团为引领,以贵州泰福石膏、福泉市恒瑞环保科、福泉市恒兴等新型建材企业为代表的建材产业体系已具雏形;优质烟酒产业围绕雪花啤酒等啤酒和饮品企业,重点引进的铝制两片式易拉罐产品项目(高森制罐)已正式投产,弥补了省、州内易拉罐产品的空白;健康医药产业以神奇、信邦、瑞和等骨干企业为重点,通过省内整合、跨区域并购等方式组建大型企业(集团),在国内和省内已具有一定的品牌效应;先进装备制造产业主要集中在龙里工业园区、都匀绿荫湖产业园区、都匀经济开发区、贵定昌明经济开发区、惠水县长田工业园区、长顺威远工业园区,初步形成机床、汽车、机电设备、工程机械、能矿机械、电器成套设备等门类。

贵州瓮福（集团）有限责任公司

例如，贵州瓮福（集团）有限责任公司是一家集磷矿采选、磷复肥、磷硫煤化工、氟碘化工生产、科研、国际国内贸易行业技术与营运服务、国际工程总承包于一体的国有大型企业；贵州天福化工有限责任公司自主创新的"煤焦掺烧"技术，为贵州煤炭资源优势转化为经济优势探索出一条可鉴之路；金正大诺泰尔化学有限公司是国家级大型磷化工生产基地，建有高端复合肥、硫酸、硝酸、磷酸、选矿、水泥等多套生产装置；贵州兰鑫石墨机电设备制造有限公司研发了废酸处理浓缩回收再利用技术；贵州龙源瓮福环保科技有限公司的"有机胺脱硫制硫酸项目"是单体烟气脱硫项目，打通了煤、电产业与磷产业之间的循环通道，是循环经济的典范；国电都匀发电有限公司为黔南磷化工产业提供强劲动力；贵州信邦制药股份有限公司是中国医药行业成长五十强企业、2015年度中国医药制造工业百强，连续4次荣获贵州企业100强、3次贵州民营企业100强；贵定县昌明经济开发区的贵州晟扬管道科技有限公司获批"省级科技型小巨人企业"称号；都匀市绿茵湖产业园区的黔德建材有限公司年产200万平方米节能环保玻璃制品项目；平塘县通州产业园围绕平塘县丰富的方解石、大理石、陶土等矿产资源打造"石土经济"；长顺县威远工业园区的贵州高矿重工（长顺）有限公司设计制造了我国第一艘自行设计、自主集成研制的"蛟龙号"载人潜水器的专用船用

贵州天福化工有限责任公司

金正大诺泰尔化学有限公司

贵州兰鑫石墨机电设备制造有限公司

绞车；贵州绿卡能科技实业股份有限公司是贵州省唯一一家专业从事低日照光热光伏集成产品研发生产的省级高新技术企业，2019年7月31日在北京成功挂牌上市登陆新三板，成为都匀地区唯一的上市公司，对地区实体经济发展具有带动示范效应；龙里县谷脚工业园区的贵州瑞和制药有限公司研发的"川参通注射液"是贵州省唯一的纯中药注射剂国家二类新药品种，也是目前国内唯一用于治疗前列腺疾病的纯中药注射剂。

贵州龙源瓮福环保科技有限公司

国电都匀发电有限公司

贵州信邦制药股份有限公司

贵州晟扬管道科技有限公司

黔德建材有限公司

平塘县石头造纸项目

贵州高矿重工（长顺）有限公司

贵州绿卡能科技实业股份有限公司

贵州瑞和制药有限公司

淘宝荔波馆

独山物流园

惠水县华创创业园内的韵达物流工作车间

罗甸县火龙果质量追溯系统投入使用

3. 电子商务和现代物流蓬勃发展

近年来，黔南州乘着电子商务和现代物流蓬勃发展的东风，抢抓大数据发展新机遇，以建设"黔南物流公共信息平台"和"黔南物流服务中心"为抓手，加快推进物流业信息化建设，扶持物流信息资源开发利用，提高物流业标准化程度，大力推动智慧物流建设。同时，实施电子商务扶贫工程，强化农村电商服务网络建设，完善物流体系，加强电商人才培养，助推黔货出山，促进特色产业发展。全州交通物流业信息化建设稳步推进，现代物流业发展势头迅猛。如淘宝荔波馆立足黔南州丰富的农产品资源和特色食品等产业优势，在打响生态品牌、有机品牌，拓宽荔波县农产品销售渠道，营销本地产品、引领青年创业等方面取得了显著成效，是贵州省在淘宝网的第一个县级馆，也是全省首个线上和线下一体化体验店；又如独山县充分利用优越的区位和交通优势，推进商贸物流业的发展，成为西南地区一级物流节点、贵州重要物流枢纽、黔南南部物流中心。

惠水县的"中国农业云大数据·惠水云·展示中心"

惠水"云"成为中国"云"的一部分

轻轻一点的"云"生活

"惠水云"平台通过收集全县农业耕地、农田、种植、养殖、需求、供应、交易等数据进行汇总，通过云计算分析后进行发布。其中耕地、农田、粮食、蔬菜、养殖、需求、交易等十多个类别数据在云平台的电子触摸屏上并列分布，每点击一个LOGO，项目数据都会一跃而出，哪个地方种植了哪类产品、种了多少，清晰可见，并可以实现数据实时分析和管理。通过"互联网+大数据+云计算+电子商务+智能物流+观光旅游"模式建成集线上线下于一体的"种、养、收、加、销、送、旅"全新智能生态农业综合体。

贵广高速铁路

(三) 交通运输建设

截至 2020 年底，黔南州现有公路总里程 28182 千米，其中，高速公路 1101 千米、普通国省干线 3723 千米、农村公路 14863 千米、通组公路 8495 千米。铁路运营总里程 540 千米，其中，高铁 228 千米。内河通航里程近 800 千米，支线机场 1 个。近年来，在"县县通高速"的基础上，进一步实现了"村村通硬化路、通客运""组组通硬化路"的目标。以高速铁路公路为骨架、以普通国省干线为脉络、以农村公路为毛细血管、以航空邮政和水上运输为补充的现代综合交通运输服务体系基本形成，全州交通运输事业实现了从"瓶颈制约"到"基本适应经济社会发展"的重大转变，为脱贫攻坚和经济社会高质量发展打下了坚实基础。

现代综合交通运输服务体系主要有：贵广高速铁路，北起贵阳北站、南至广州南站，全长 857 千米，于 2014 年 12 月 26 日全线通车运营，被誉为"中国最美的高速铁路"。它的开通搭建起广东与黔南州发展的桥梁，让两地的经济发展、交流与合作有了质的飞跃；贵广高速公路，起于贵州省贵阳市，止于广东省广州市，全长 887 千米，由 3 段高速公路组成，厦蓉高速公路贵州、广西段（贵阳—都匀—榕江—桂林），包茂高速公路桂贺段（桂林—贺州），广贺高速公路（广州—贺州），3 段相连最后形成了贵阳市（经黔南州）直达广州市的高速公路，2011 年 6 月 18

贵广高速公路

惠罗高速公路

日正式通车。其中，厦蓉高速公路起于福建省厦门市，止于四川省成都市，全长2211千米，是我国西南腹地通往东南沿海地区的主要出海通道，是国家高速公路七射九纵十八横网内18条东西向高速公路中的第16条，经贵州省黔南州三都、都匀、贵定、龙里4个县市，是黔南州直达厦门的高速公路。惠罗高速公路起于惠水县城南龙田寨贵惠高速公路（贵阳至惠水）终点处，止于罗甸县与广西壮族自治区乐业县交界的峨坝处，总长113千米，2015年8月28日全线通车，它的通车使罗甸县摆脱了不通高速公路的历史。惠罗高速促使国家高速公路网形成新的南下大通道，为我国西部地区直接进入东盟自由贸易区提供了极大便利，对构建中国—东盟自由贸易区和促进中南部地区的旅游业发展，改善惠水县、罗甸县等的运输条件都具有极为重要的作用。瓮马高速公路，起于瓮安县城西南的陆家寨，止于麻江县马岩，全长56千米，是贯通瓮安、福泉两地沿线城镇连接黔南州府都匀和省会贵阳的快速大通道，对实现区域经济协调和可持续发展具有十分重要的意义。贵新高等级公路，是贵州省贵阳市至广西壮族自治区南丹县新寨的全封闭、全立交、高等级公路，全长260千米，途经黔南州龙里县、贵定县、福泉市、都匀市、独山县等城镇。贵阳市与龙里县的"同城化"大道贵龙城市大道，是贵州省首条跨地区的城市干道。荔波机场，位于黔南州南端的荔波县，2003年7月开工建设，2007年11月正式通航，它的建成通航，是贵州省实施西部大开发

瓮马高速公路

贵新高等级公路

荔波机场

贵龙城市大道

平塘县塘边打鸟公路

罗甸港羊里码头

罗甸港八总码头

罗甸港

战略取得的又一重大成果。荔波机场投入运营后，从荔波到贵阳只需30分钟，大大缩短荔波与外界联系的时空距离，为贵州省内外游客进入荔波县提供了舒适、快捷的空中通道，为荔波开拓客源市场、打造精品旅游线路创造了良好的条件，对于促进黔南对外交流与合作、推动经济社会发展都具有十分重要的意义。罗甸港，位于黔南州罗甸县龙坪镇八总社区，是贵州省乃至大西南与珠三角、东盟地区水路交通最便捷的一座港口。

都匀市旧貌

都匀市新貌

（四）城镇化建设

近年来，黔南州按照"统一规划、合理布局、因地制宜、综合开发、配套建设"思路，加大资金投入力度，大力发展县域经济。2020年6月，全州城市建成区面积近189.44平方千米，城市道路长度达1137.27千米，城镇化率约为55%。同时，率先在全省实施农村人居环境整治提升三年行动，推出"四在农家·美丽乡村"小康行动升级版，坚持原真性保护，抓好乡镇环境综合整治，做好传统民俗村寨、村落及少数民族文化保护、利用、传承，让人民群众"看得见山、望得见水、记得住乡愁"。黔南州以县（市）中心城镇为支撑、建制镇为骨架、乡所在地和人口聚集村为补充，实现空间布局合理、建设管理规范、基础设施完善，有产业支撑、辐射力及综合承载能力较强的山地特色城市群初具规模。

都匀市南沙洲旧貌

都匀市南沙洲新貌

福泉市旧貌

福泉市新貌

荔波县城旧貌

荔波县城新貌

贵定县城旧貌

贵定县城新貌

瓮安县城旧貌

瓮安县城新貌

独山县城旧貌

独山县城新貌

平塘县城旧貌

平塘县城新貌

罗甸县城旧貌

罗甸县城新貌

长顺县城旧貌

长顺县城新貌

龙里县城旧貌

龙里县城新貌

惠水县城旧貌

惠水县城新貌

三都县城旧貌

三都县城新貌

福泉市黄丝村旧貌新颜

瓮安县玉山镇苟家庄村

平塘县平河村

荔波县瑶山移民新村

罗甸县油海村

贵定县云雾镇新西移民新村

福泉市黄丝镇黄丝村江边布依寨

三都水族自治县中和镇雪花湖移民新村

贵定县盘江镇音寨

荔波县玉屏街道水甫村水葩古寨

荔波县朝阳镇板麦村赛莪寨

都匀市匀东镇新场村格多苗寨

平塘县卡蒲毛南族乡场河村

惠水县好花红镇好花红村

三都水族自治县都江镇月亮村

三都水族自治县都江镇怎雷村

荔波县佳荣镇大土苗寨

福泉市独立高中项目建设民主评议会召开

二、政治建设

黔南州全面落实新时代党的建设总要求，对标党内法规条例，出台系列管党治党措施，压紧压实管党治党政治责任，政治建设更加坚强有力，反腐败斗争取得压倒性胜利。坚持和完善人民代表大会制度，各级人大及其常委会依法充分行使立法、监督、决定、任免等职权，不断增强地方人大工作整体实效，提升人大代表履职能力。支持政协开展政治协商、民主监督和参政议政工作，推进协商民主广泛多层制度化发展。民主党派和工商联自身建设得到加强，民族宗教、外事侨务、港澳台、工青妇等各项工作成效明显，爱国统一战线不断巩固壮大。深入推进依法治州，扎实推进法治政府建设，深化法治黔南建设。全面推行州县乡村四级聘请法律顾问制度，在全省率先实现州委和州委工作部门法律顾问聘用全覆盖。深入推进司法体制改革，初步建立权责统一的司法权运行机制，扎实推进全国市域社会治理现代化试点，优化升级政务110服务平台，社会治理智能化水平大幅提升，群众安全感、满意度连续五年稳居全省首位。

都匀市广场问政活动现场

以扑救山火壮烈牺牲的福泉市原马场坪办事处纪工委书记杨刚为原型创作的舞台剧《我是杨刚》

黔南州驻村"第一书记"走访群众

长顺县实施机关单位与企业互派干部双向交流的"活力党建"工程

黔南州举办"黔南州州管干部工作记实报告系统"管理员培训班

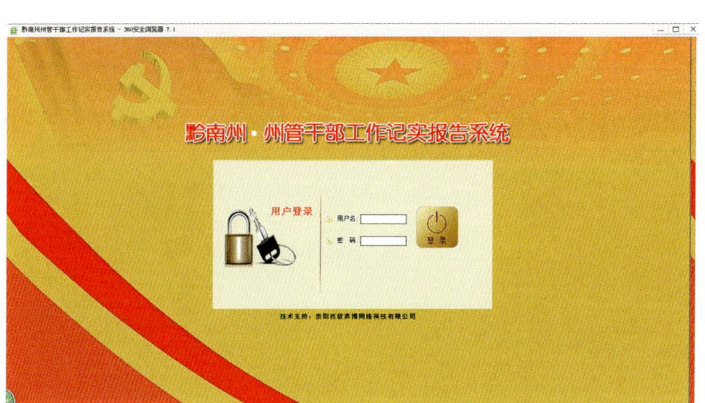
黔南州州管干部工作纪实报告系统全面启用

福泉市大学生村官为苗寨群众讲解种植技术

福泉市百姓宣讲团成员进苗乡宣讲党的十八大精神

长顺县中院村党员用山歌唱响"主旋律"

长顺县白云山镇群众对党员进行评议

党员志愿服务队到长顺县鼓扬镇田哨村开展"微心愿"征集活动

龙里县"快递干部"借鉴快递方式打通服务群众"最后一千米"

荔波县瑶山移民新村瑶族妇女绣党旗谢党恩

长顺县代化镇井边小学留守儿童圆梦"微心愿"

2009年3月16日,在世界音乐艺术圣殿——维也纳金色大厅,独山花灯合唱团用原生态的天籁之音折服了音乐之都

三、文化建设

黔南州在注重传承民族文化的同时,大力推动文体事业大发展大繁荣,文体基础设施不断完善,人民文化生活水平不断提高,群众性文体活动多姿多彩,文艺创作精品不断涌现,各族人民群众文化生活日益丰富。

(一)民族文化艺术及演出事业

黔南州紧紧围绕习近平总书记在全国文艺工作座谈会上的重要讲话精神,坚持文艺为人民服务、为社会主义服务的方向,实行了多项重大举措,有力地促进了全州文艺的繁荣发展,使民族文艺演出事业呈现出大发展、大繁荣的良好态势。近五年来,文艺创作精品不断,新编各类文艺节目100余个,共有20余个作品在各级各类艺术比赛中获奖,文化及相关产业增加值占GDP比重持续稳居全省第一方阵。

布依族舞蹈《刺梨花红》在北京首演场景

大型布依族舞蹈诗剧《丽湾依水》演出场景

大型苗族舞蹈诗剧《苗山·苗寨·人》演出场景

贵州省非物质文化遗产福泉阳戏演出场景

大型山水实景剧《荔波荡漾》成为荔波县又一张响当当的文化名片

大型原生态水族歌舞《远古走来的贵族》演出场景（一）

大型原生态水族歌舞《远古走来的贵族》演出场景（二）

大型原生态水族歌舞《远古走来的贵族》演出场景（三）

大型实景剧《水韵樟江·秘境荔波》演出场景（一）

大型实景剧《水韵樟江·秘境荔波》演出场景（二）

黔南州体育场

福泉市体育馆

（二）公共文化设施建设及群众文体活动

黔南州以推动实施《中华人民共和国公共文化服务保障法》为抓手，坚持以问题为导向，针对公共文化服务体系效能不高，各级图书馆、文化馆、文化站和农家书屋等作用发挥不够，公共文化产品不丰富等问题，以改革创新为动力，以基层为重点，以标准化、均等化为目标，通过3至5年的努力，基本建成了覆盖城乡、便捷高效、保基本、促公平的现代公共文化服务体系。

荔波大剧院

荔波县红船广场

瓮安县渡江广场

瓮安县体育馆

黔南州运动会开幕式现场

都匀市甘塘镇留守儿童图书室

都匀市幼儿园小朋友学习竹竿舞

福泉市仙桥乡初级民族中学开展"民族文化进校园活动"

荔波县"瑶之韵"文艺表演

瓮安县"幸福进万家·瓮水长歌文化精品乡村行"公益文艺演出活动

枫香染作品

（三）非物质文化遗产的传承和保护

黔南州现有国家级非遗项目 14 项、省级非遗项目 96 项、州级非遗项目 68 项、县级以上非遗项目 203 项，有国家级项目代表性传承人 9 人、省级 37 人、州级 187 人、县级 792 人（2019 年）。在全州 300 多项非物质文化遗产项目中，民间传统工艺占了半壁江山。2011 年以来，先后有"水族马尾绣""枫香染制作技艺""牙舟陶器烧制技艺""都匀毛尖茶制作技艺""布依族医药（益肝草秘方）""独山盐酸菜制作技艺""云雾贡茶手工制作技艺"等 7 项非遗项目入选省级非物质文化遗产生产性保护示范基地名单，三都马尾绣、独山盐酸菜、平塘牙舟陶、惠水枫香染、都匀毛尖茶等被命名为贵州省特色文化产品。这些独具特色的民族传统工艺是黔南历史的积淀、民族的足迹，是黔南文化的"根"和"魂"，是构成黔南宝贵历史文化资源的重要组成部分，是推动黔南发展不可多得的优势资源。比如，水族马尾绣、平塘牙舟陶、独山花灯戏、水族端节、都匀毛尖茶、惠水枫香染等一批国家级和省级项目知名度和对外交流水平进一步提升，通过申请上级项目资金帮扶与文旅融合，一批具有民族特色的非物质文化遗产传统工艺项目逐步形成产业化。国家级非遗项目水族马尾绣已带动当地千余名农村留守妇女脱贫致富，平塘牙舟陶更是成为平塘天眼景区外来游客必购的旅游纪念品，助农增收效果明显。

惠水枫香染

惠水枫香染为国家级非物质文化遗产，流传于黔南州惠水县。其中，雅水镇播潭村小岩脚组是惠水枫香染的主要产地。从清道光年间杨正鑫留存至今的枫香染作品算起，至少已有近200年历史。枫香染使用的原料为枫香树脂和牛油，两者按一定比例混合熬制，制作者用毛笔蘸上枫香牛油在土布上画出群众喜爱的花、鸟、鱼及生活劳作等图案，然后将土布放入染缸中，经过染色、脱脂、漂洗、晾晒等工序，一件枫香染作品便基本完成。惠水枫香染因其工艺复杂，构图雅致，色彩古朴，被誉为"画在土布上的青花瓷"。

绘制图案

用毛笔蘸上枫香牛油在土布上绘画

苗族"鼓藏节"（一）

苗族"鼓藏节"

"鼓藏节"为国家级非物质文化遗产，是远古苗民祖先崇拜留传下来的一种古老的祭祖仪礼。一般隔13年举办一次，每次要连续举办4年才算完结，其规模宏大，形式奇特，寓意丰繁，是中华民族文化的一大特色。

苗族"鼓藏节"（二）

苗族"鼓藏节"（三）

苗族"四月八"(一)

苗族"四月八"

苗族"四月八"为国家级非物质文化遗产,是苗族同胞的传统祭祀节日。

黔南布依族苗族自治州卷
建设成就篇

苗族"四月八"(二)

苗族"四月八"(三)

水族马尾绣

水族马尾绣

水族马尾绣为国家级非物质文化遗产，是水族妇女世代传承的一种古老而独特的传统民间手工艺。所有刺绣中，水族马尾绣的刺绣方法独具特色，通常以白色丝线均匀缠绕马匹的尾毛（以白色马尾为最佳），形成类似于大提琴琴弦的马尾线，再运用多种刺绣技法进行加工。水族马尾绣制作技艺历史悠久，作品浮雕质感突出，风味古朴，远远望去宛若一幅幅彩色浮雕，被誉为"刺绣中的活化石"。

水族马尾绣

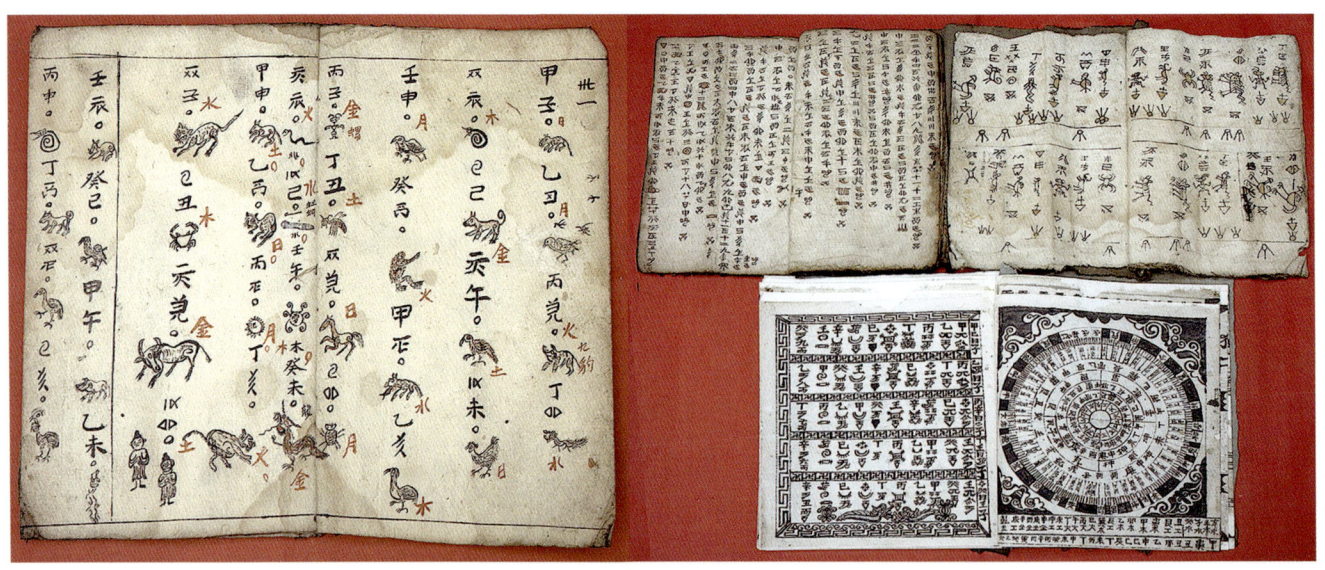
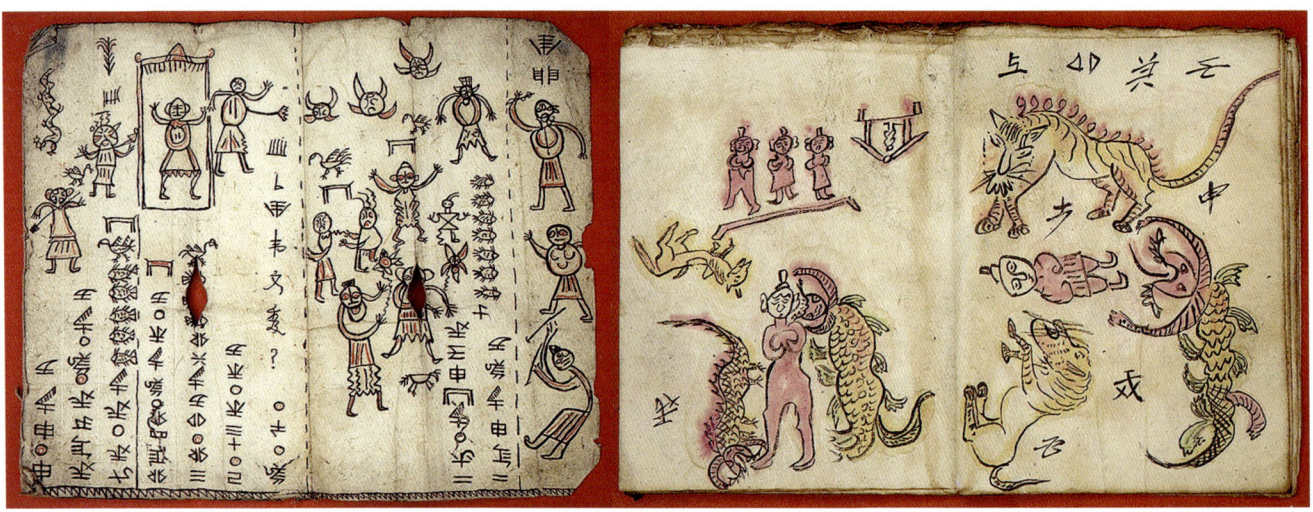

水族水书

水族水书习俗

水族水书习俗为国家级非物质文化遗产,是迄今世界上仍活着的古老象形文字之一,是中国乃至世界所罕见的文化瑰宝。水书主要靠一代接一代学习水书的人抄写流传至今,保留着远古文明信息,是水族古代天文、地理、历法、宗教、民族、哲学、美学、法学等古老文化的综合载体。通过解读水书可以了解水族悠远沧桑的历史。

水族水书

水族剪纸

水族剪纸

水族剪纸为国家级非物质文化遗产，最早源于水族原始宗教信仰崇拜，后主要用作刺绣底样，逐渐演变为美化生活的重要内容。常见的有围腰花、衣袖花、衣肩花、背扇花、小孩帽花、鞋花等。水族剪纸绝大部分取材于水族人民生活中喜闻乐见的东西，有人物、花鸟、瓜果、鱼虫、走兽以及几何纹样等，内容非常丰富，生活气息浓厚，风格朴实大方，民族特色鲜明，反映了水族人民热爱现实生活、渴望幸福美满的美好心愿。

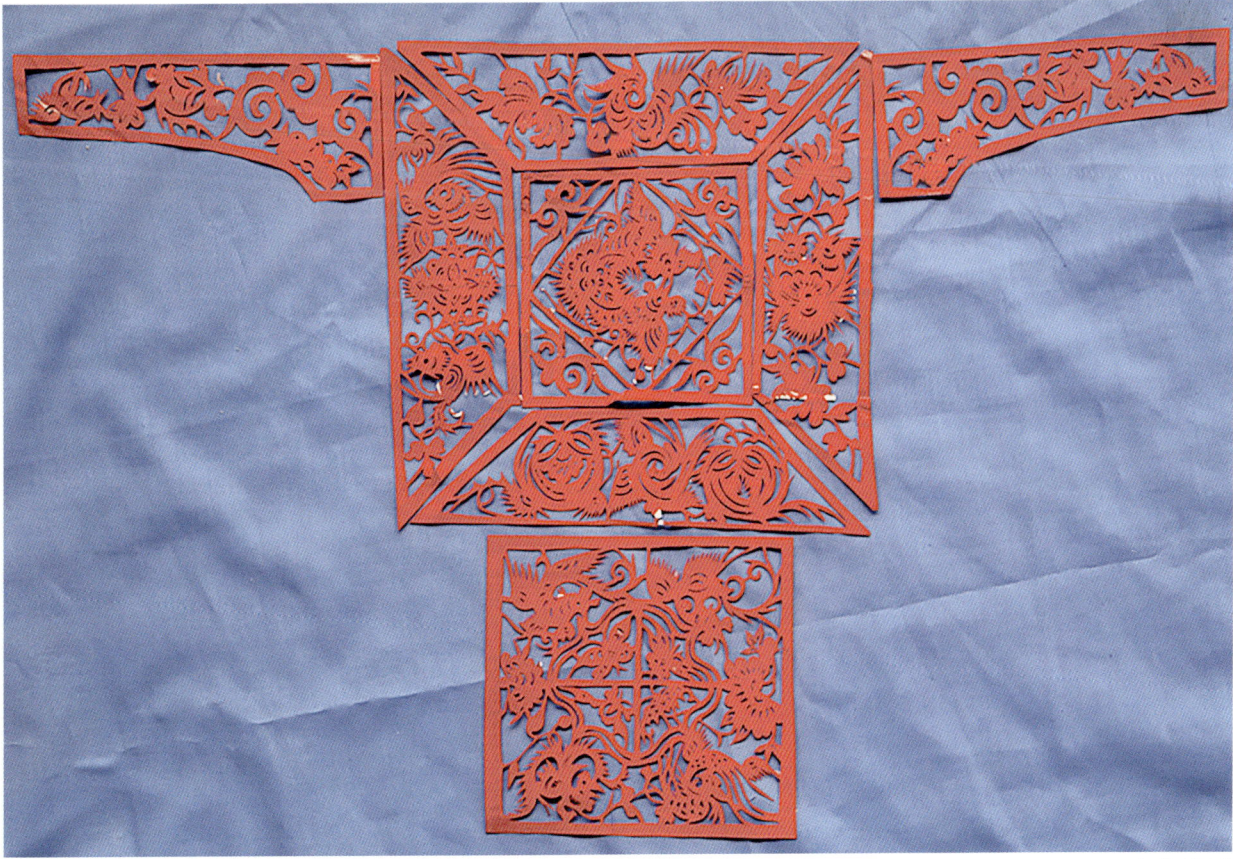

水族剪纸

水族"端节"

水族"端节"

水族端节为国家级非物质文化遗产，一般在水历十二月至次年二月（约农历十月初至十一月中旬）举行，历时49天，被称为世界上最长的节日，是水族庆贺丰收、辞旧迎新的盛大年节。

平塘牙舟陶

平塘牙舟陶

平塘牙舟陶为国家级非物质文化遗产，产于黔南州平塘县牙舟镇。据《平塘县志》记载："牙舟陶瓷生产始于明代洪武年间，距今已有600多年历史。"牙舟陶至今仍保持原始古老的手工制作技艺，以其独特的造型、古朴敦厚的风格著称。牙舟陶使用本地的玻璃釉自然流淌，烧制过程中随着温度变化产生自然裂纹（俗称窑变），产品古色古香，民族特色、地方特色鲜明，是黔南地域文化的典型代表。

布依族"八音坐唱"

布依族"八音坐唱"

布依族八音坐唱又叫"布依八音",为国家级非物质文化遗产,是布依族世代相传的一种民间曲艺弹唱形式。因用月琴、八角琴、大胡、京胡、竹笛、三弦琴、竹点、中胡8种乐器合奏而得名。主要流传于平塘县塘边镇清水村一带,在当地婚嫁、进新房、祝寿及各种庆典活动中演唱。

布依族"八音坐唱"

布依族"六月六"

布依族"六月六"

"六月六"为省级非物质文化遗产,是布依族最隆重的传统节日之一,有"过小年"之称。每逢"六月六",布依族组织各式各样的庆祝活动。这一天,布依村寨家家户户杀猪、杀鸡、包粽粑,举行节日祭典、盛宴,非常热闹。

布依族"六月六"活动现场

苗族"杀鱼节"

苗族"杀鱼节"

"杀鱼节"为省级非物质文化遗产,流传于福泉市清水江畔,每年农历三月举行,历时 20 余天,带有浓厚的原始群居狩猎的生活遗风,是清水江畔持续时间最长的苗族传统节日。

苗族"杀鱼节"

瓮安草塘火龙

瓮安草塘火龙

草塘火龙为省级非物质文化遗产，分布在瓮安县草塘周边各村寨，迄今已有600多年的历史。每年正月初九至正月十五，草塘都要开展玩龙灯活动，祈求来年风调雨顺。

福泉阳戏

福泉阳戏

福泉阳戏为省级非物质文化遗产，迄今已有 600 多年的历史，被誉为"中国戏剧的活化石"。

龙里县寨老跳洞前祭树仪式

龙里县果里正月"跳洞"

苗族"跳洞"

跳洞为省级非物质文化遗产。在龙里县南部湾滩河镇果里村方圆数十里的苗族聚居地，流传着"跳洞"习俗，即数百上千人在较为宽敞的岩洞中跳芦笙舞，每年正月初四到正月十一举行。最为壮观的是果里跳洞，期间还举行祭拜山神、洞神和先祖活动。

水族银饰

水族银饰

水族银饰制作技艺为省级非物质文化遗产，纹样多以鱼纹和龙纹为代表，包含铸炼、锤揲、錾刻、焊接、花丝、清洗等20多道工序，制作工艺复杂，体现了水族勤劳、质朴、含蓄的民族个性，深受水族人民喜爱。水族银饰被视为勤劳和富有的象征，每逢水族重大节日活动，年轻姑娘和少妇均以银饰装扮自己，佩戴的银饰重达10余公斤，全身银光闪闪，光彩照人。

水族"敬霞节"

水族"敬霞节"

"敬霞节"为省级非物质文化遗产,是黔南州三都、独山、荔波等县水族祈祷雨水的祭祀性节日,以血缘家庭为单位,各水族村寨联合举行祭祀活动。敬霞节并非每年都过,相隔两年、六年、十二年、六十年不等,具体时间由水书先生根据《水书》推算。

水族"敬霞节"仪式

三都水族自治县水族端节赛马比赛场景

2012年贵州（三都）全国赛马邀请赛场景

（四）少数民族传统体育运动

黔南州高度重视发展群众体育运动，大力实施健康中国战略，深入挖掘全州各少数民族传统体育项目，打造了三都全国赛马邀请赛、荔波全国陀螺邀请赛、惠水全国毽球锦标赛、惠水国际龙舟赛等一批群众喜闻乐见、广泛参与的体育活动，少数民族传统体育事业蓬勃发展。

惠水县国际龙舟赛场景

贵州省第七届少数民族传统体育运动会的黔南州女子毽球队比赛

第九届贵州省少数民族传统体育运动会的水族表演项目

荔波县瑶族群众打陀螺活动

黔南民族师范学院鸟瞰

四、社会建设

黔南州始终把人民对美好生活的向往作为奋斗目标，持之以恒办好"十件民生实事"，坚持在发展中保障和改善民生。促进教育改革创新发展方面，共新建改扩建幼儿园342所、义务教育阶段学校289所、普通高中学校16所，累计建成省级示范性普通高中14所，提前两年实现基本普及十五年教育和义务教育基本均衡。贵州应用技术职业学院、贵州财经大学商务学院、贵州大学科技学院等高等院校相继落地黔南开办招生，州内高等院校在校生规模突破10万人。医疗服务体系建设方面，医疗卫生机构床位数达22485个，卫生技术人员达21831人，村级卫生室实现全覆盖，实现乡镇卫生院中医馆全覆盖，中医（民族医）事业进一步发展，实现全州核酸检测实验室县县全覆盖，公共卫生应急、检查、处置能力进一步提升，公立医院改革取得实质性成效。社会保障体系建设方面，累计保障各类困难群体164.03万人次，累计发放各类救助资金45.01亿元。建成各类养老服务机构1466个，养老床位增加到2.2万张，每千名老年人拥有养老床位数达35张。

黔南民族医学高等专科学校

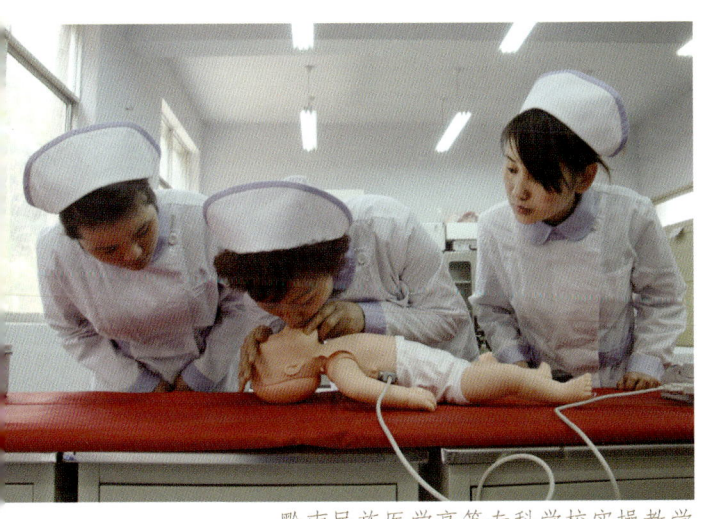

黔南民族医学高等专科学校实操教学

黔南民族职业技术学院

（一）教育体系

中共黔南州委、州人民政府始终把教育摆在优先发展的战略地位，举全州之力办好教育。党的十八大以来，把优先发展教育事业作为推动全州各项事业发展的"先手棋"，黔南州教育取得了历史性跨越。

都匀二中

都匀市第三小学

瓮安中学

独山县第二小学

罗甸县第一中学

惠水县天宝双语幼儿园

长顺县敦操乡中心幼儿园

独山县第一幼儿园

三都水族自治县牛场小学学生展示双语教学课本

长顺县石板村九年制学校进行双语教学

三都民族中学开展国家级非物质文化遗产水族马尾绣教学

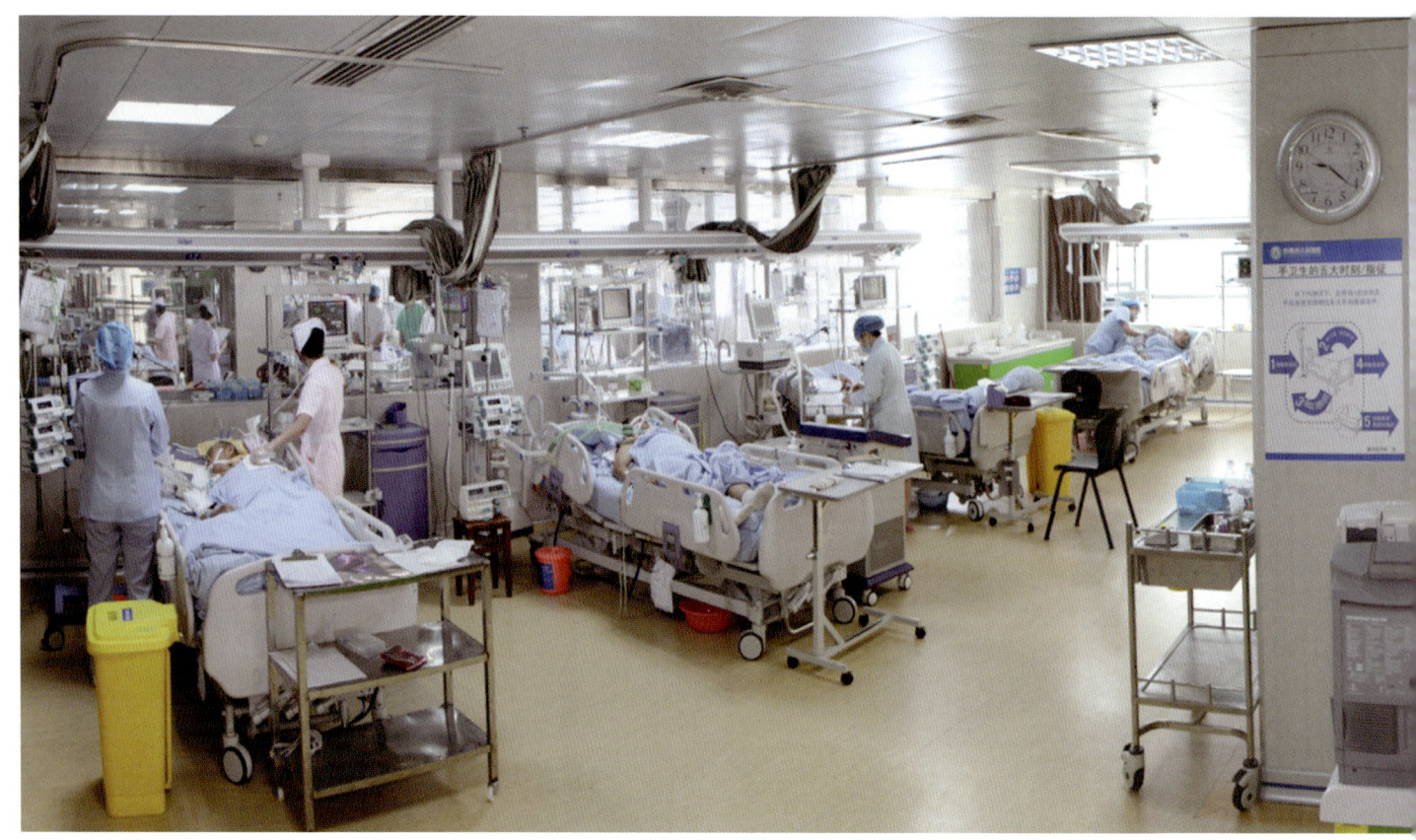

黔南州人民医院

（二）医疗体系

医疗保障是事关人民群众福祉的民生工程，黔南州始终坚持以人民为中心的发展思想，着力解决医疗保障中群众关心的热点难点问题，人民群众医疗保障的获得感、幸福感不断增强。如黔南州人民医院是贵州省黔南地区集医疗、教学、科研、预防、保健、急救、康复为一体的三级甲等综合医院。医院年门诊量40余万人次，年住院患者4万余人次，每年完成大中型手术10000余例，还承担黔南医专的临床教学和接收省内高等医学院校实习生，培训州内县、乡医疗机构医务人员等任务，是黔南州各级卫生技术人员的培训基地。

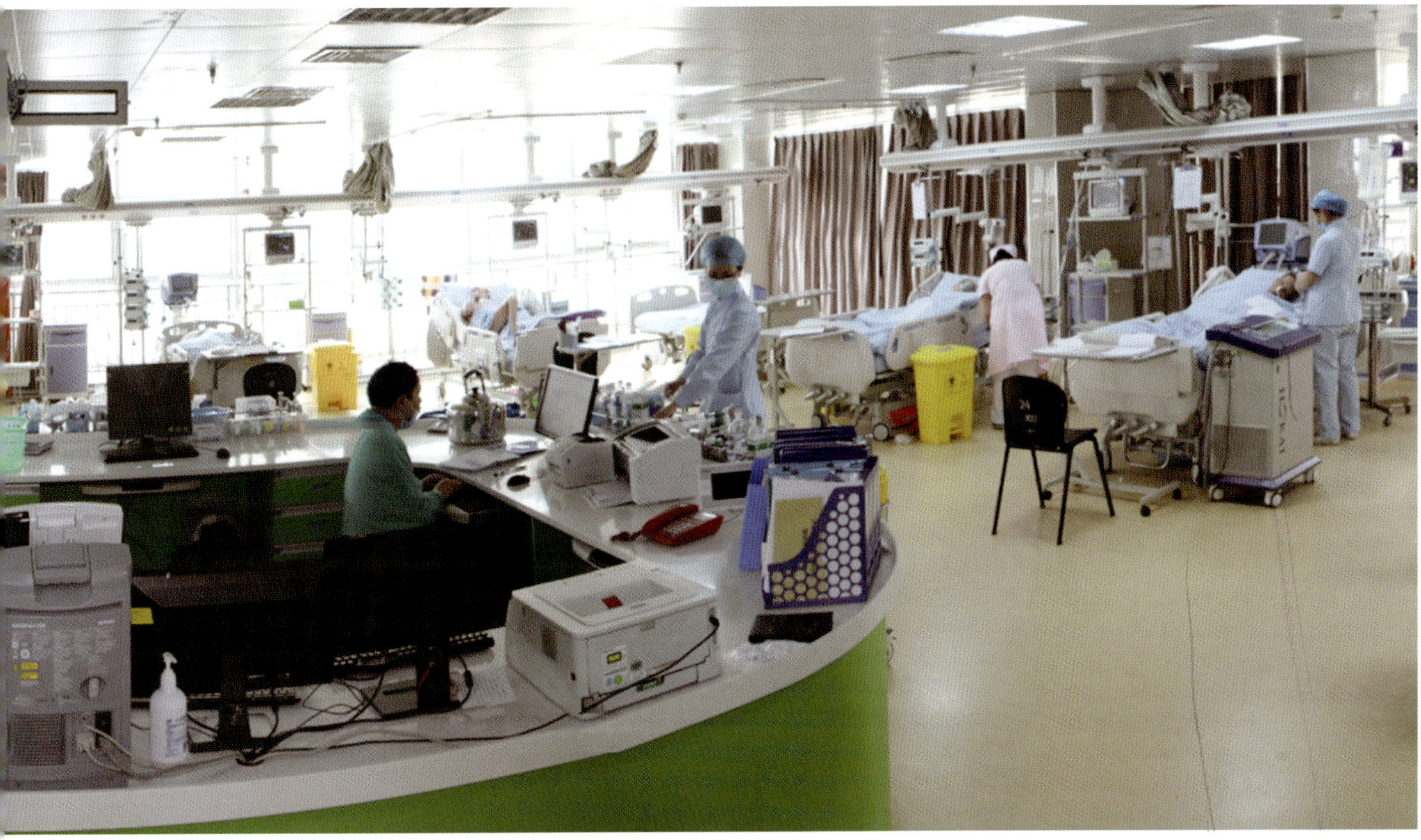

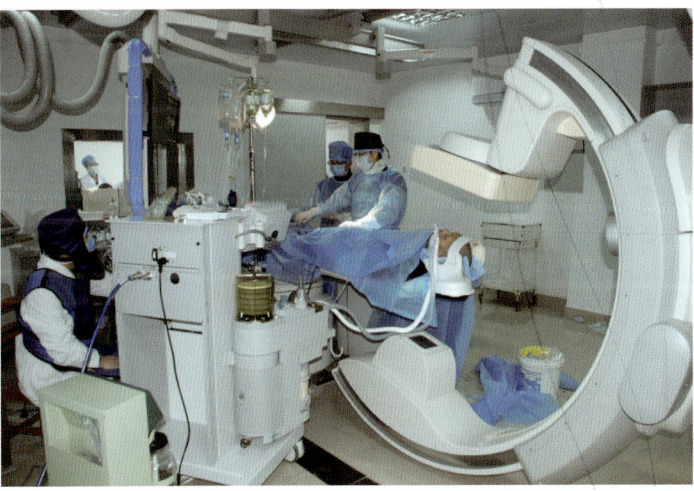

黔南州人民医院

黔南州中医医院

贵州医科大学第三附属医院

长顺县人民医院

都匀市社区卫生服务中心

独山县麻万镇开展"送卫生下乡"活动

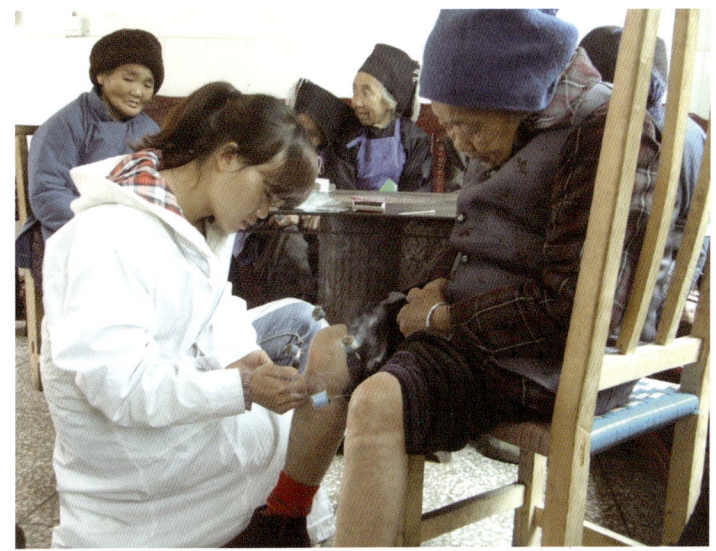
惠水县卫食药局组织县中医院医生到断杉镇敬老院开展"服务百姓健康行动"义诊活动

黔南州中医医院到各县市开展巡回义诊活动

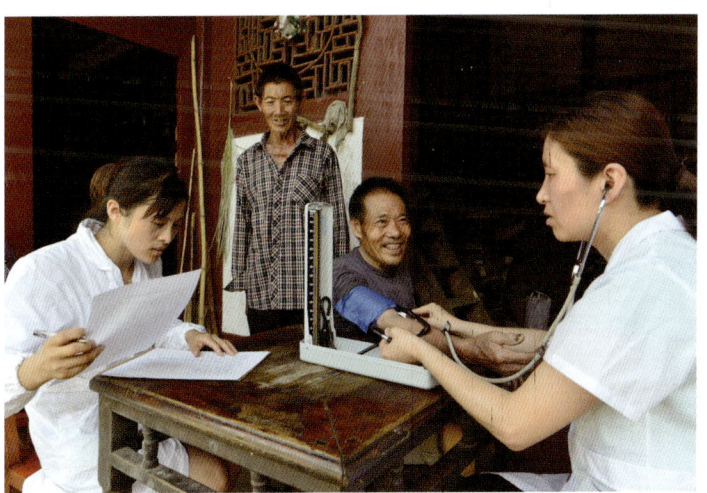
龙里县乡村医疗队深入村寨

福泉市连续八次被评为"全国双拥模范城"

贵定县公安局开展"法治进村寨"活动

(三) 共建共治共享的社会治理格局

黔南州按照"加强社会治理制度建设，完善党委领导、政府负责、社会协同、公众参与、法治保障的社会治理体制"的要求，广泛动员全体社会成员，激发出强劲的社会参与和自主能动力量，探索符合黔南实际的社会治理社会化、法治化、智能化、专业化道路，为推进共建共治共享的社会治理格局作了积极尝试，积累了宝贵经验。

瓮安县开展"法治宣传进校园"活动

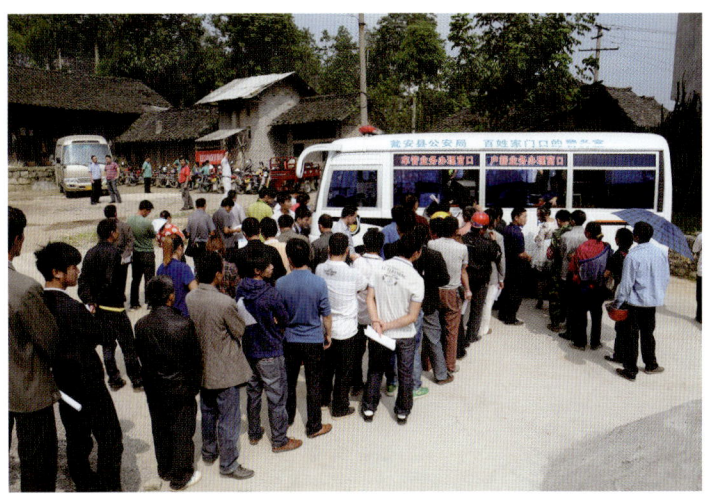
瓮安县公安局开展"百姓家门口的警务室"活动

长顺县石板村及时调解矛盾纠纷

基层派出所召开群众座谈会

五、生态建设

黔南州始终坚持创新、协调、绿色、开放、共享的发展理念，牢牢守住发展和生态两条底线，推出领导干部自然资源资产离任审计工作，实施生态环境损害赔偿制度。认真落实贵州国家生态文明试验区建设试点任务，完成生态保护红线划定。统筹推进山水林田湖草系统治理，加强长江珠江上游绿色屏障建设，深入开展"绿色黔南"建设和"美丽黔南林业提质增效三年行动计划"。推行河（湖）长制工作"派工单"管理办法，推进巡河（湖）常态化。大力发展绿色经济，深入实施绿色经济倍增计划，积极发展生态利用型、循环高效型、低碳清洁型、环境治理型"四型"产业，着力推动生态环境"高颜值"和经济发展"高质量"协同发展。

（一）生态环境保护

近年来，黔南州重点区域大气、重点流域水环境质量明显改善，森林覆盖率达到65%，城市环境空气质量优良率达99%，地表水水质优良率达95.5%，县级及以上城市集中式饮用水水源地水质达标率保持100%。同时，建成一批城镇及园区污水、垃圾处理设施，污染治理能力大幅提升，为经济发展保驾护航，为腾出环境容量、上大项目打下坚实基础。

沅江源头——都匀市斗篷山

都匀市剑江

惠水县涟江

三都水族自治县都柳江

独山县森林公园的郁金香

荔波县茂兰喀斯特森林的峰丛

贵定县云雾镇田园风光

三都水族自治县怎雷村梯田

贵定县利用水泥窑处理城市生活垃圾

贵定县城市生活垃圾处理中控室演示厅

贵定县城市生活垃圾处理中控室

黔粤两地携手开展"护佑两江"植绿护绿行动

绿色黔南三年行动计划的"千人植树"活动

(二) 植绿护绿退耕还林

近年来,以实施退耕还林为重点、开展青山常在绿水长流的工程性治理为依托,全州各族干部群众共同行动,持之以恒地植树造林、绿化山川,使脆弱的喀斯特山区生态得以修复。2019年,黔南州治理水土流失面积223.7平方千米、石漠化面积153平方千米,完成营造林40万亩,森林覆盖率达65%,提前完成了"十三五"目标。

飞播造林,山川披绿

守护山林的"机动部队"

森林警察与护林员调查盗砍树木

森林公安放飞被救助的猫头鹰

福泉市石漠化治理地松镇蜂子坡封山育林工程实施点

荔波县石漠化综合治理区

龙里县石漠化综合治理封山育林区

民族团结篇

一、民族构成及民族风情

黔南州是一个以布依族、苗族为主的民族自治州。截至 2019 年底,州内居住着布依族、苗族、汉族、水族、瑶族、毛南族、侗族、回族、彝族、壮族、土家族、仡佬族等 43 个民族,主要的世居少数民族有布依族、苗族、水族、瑶族、毛南族等。黔南州各族同胞能歌善舞,民族风情古朴典雅,婚丧习俗各具特色,民族文化多姿多彩。民族音乐有布依族的山歌、情歌和双声部大歌,苗族的史歌、情歌、飞歌、丧歌、祭祀歌、芦笙曲调,水族的大歌和小歌等;民族乐器有布依族的铜鼓、唢呐、姊妹箫,苗族的芦笙、唢呐、芒筒、箫笛、古瓢琴,水族的皮鼓、铜鼓、锣、芦笙等;民族舞蹈有布依族的刷把舞、响篙舞、花包舞,苗族的芦笙舞、长鼓舞、板凳舞、锦鸡舞、铜鼓舞,水族的铜鼓舞和斗角舞等;民族节日有布依族的"三月三""四月八""六月六"和"赶秋坡"等,苗族的"苗年""吃新节""米花节""三月三""四月八"等,水族的"端节"(也是年节)、"卯节"(也是歌节、情人节)等。黔南州各民族有自己独特的服饰,其中苗族服饰最丰富多彩,样式色调繁多,集中了各种特征的服饰艺术,被称为"中国苗族服饰的画廊"。独山花灯是黔南特有的地方戏曲,是一种有歌有舞有戏、有说有唱的综合性戏剧艺术表演形式,深受广大群众喜爱,其发源地是独山县基长镇,被命名为"中国民间花灯艺术之乡"。

(一)布依族

黔南州布依族有 122.06 万人,主要集中居住在红水河流域和都柳江、清水江上游,全州各县(市)均有分布。黔南一带的布依语属汉藏语系壮侗语族壮傣语支第一土语和第二土语。布依族多居住平坝,村寨依山傍水,竹深树密,河溪环绕。房屋建筑形式有石木结构型:上部为木柱木板结构,下部为石砌;石砌型:以石块砌墙,石板盖房;木质结构型:柱、壁、梁、门、窗全为木质结构,多为一楼一底。

布依族主食以大米为主,兼食苞谷(玉米)、小麦、高粱、红薯、洋芋(土豆)等;副食以猪肉为主,兼食鸡肉、牛肉、羊肉、狗肉、鱼等;肉食中,布依

布依族传统美食"五色花米饭"

族有三种佳品：一是腌肉（俗称腊肉、老腌刀），二是香肠，三是血豆腐；酸辣，是黔南州布依族人民每日三餐离不开的调味品。

布依族女性多穿右衽中长衣，盘肩，着长裤，袖口、襟沿和裤脚镶有栏干，包头帕，部分地区妇女系围腰，穿及膝百褶裙；男性服装式样一般为对襟衣、长裤。布依族青年男女情投意合后征得父母同意，择日结婚。结婚活动中主要有"要八字""讨花""背子孙鸡""哭亲""哥背出门""守吉时"等习俗。

布依族的节日主要有春节、更建节（亦称小年）、四月八、端午节、六月六、七月半、更宿节等。节日中采取各种活动娱人，并祭祀祖先等，以增强民族凝聚力。

布依族竹竿舞

布依族婚礼仪式

苗族长号迎宾

（二）苗族

黔南州境内的苗族有 45.53 万人，主要分布在惠水县、都匀市、三都水族自治县、福泉市、贵定县、龙里县等县（市）。黔南州境内的苗语属汉藏语系苗瑶语族苗语支，东、中、西部三大方言均有分布。苗族多聚族而居，以青瓦木楼房居室为主体，楼上有阳台，屋面微凹，檐角翘起，穿斗式结构，俗称"吊脚楼"。

苗族以大米为主食，玉米、小麦、高粱、小米、荞麦、红苕和洋芋（土豆）等为杂粮；肉类副食以猪肉为主，次为牛肉、鸡肉、鸭肉、狗肉、鱼肉等；传统食品主要有糯米粑、荞吊、酸菜、糟辣、腌肉、牛骨酸、醪糟酒等，其中糯米粑一年要做五次，包括三月黄草粑、四月香藤粑、五月粽粑、九月汤圆粑、春节糍粑。苗族人民普遍喜好饮酒，多为自酿。有客至，喜喝牛角酒。客人喝得越多越豪爽，主人越看越高兴。

苗族原生态舞蹈"长衫龙"

　　苗族擅蜡染、挑花刺绣、织锦，盛装加以银饰，华贵艳丽。各支系的服饰不一，刺绣针法有平绣、盘绣、绉绣、辫绣、结绣、珠珠针、打子绣、堆花等10余种，以房梁、人、马、蝴蝶、花卉等花纹图案为多。配饰有银簪、银钗、银牛角牌、银项圈、银手镯、银帽、银背扇、银项链、银花、银耳环、银铃、银牌、银罗汉、银泡、银蝴蝶等，工艺十分精湛。

　　苗族节日主要有春节、"四月八"、鼓藏节、牛打场节、吃新节、杀鱼节、苗年等。各类节日从不同的侧面反映了苗族人民的社会生产生活。"跳花""跳月""摇马郎""坐花场"等是苗族青年男女传统自由恋爱的主要形式。建立感情后，择日举行婚礼。

苗族原生态舞蹈"踩月亮"

苗族传统美食酸汤鱼

苗族传统活动打糍粑

格多苗寨苗族婚礼仪式中"背新娘"场景

苗族婚礼仪式

水寨水族号手

（三）水族

黔南州水族有 29.11 万人，主要聚居于三都水族自治县、荔波县、都匀市、独山县。水族语言属汉藏语系壮侗语族侗水语支。水族文字是古老的文字遗存，分为干支数目字、象形字、形声字、指示字、会意字和一些特殊符号，"水书"是水族文献的总称。水文、水书仍在水族民间使用和传承。"水书习俗" 2006 年被列入首批国家非物质文化遗产名录。

水族多依山傍水聚族而居，环境优美。住房建筑属越人的干栏式建筑，每栋一般为三五间，二三层；修建时先在地面立五六尺高的底架，然后用枋条穿拉，再在底架上修建人居部分；房屋外加挑枋竖长瓜，盖成重檐，下设有栏杆的走廊。

水族的主食主要为黏米、糯米、玉米；副食肉类有猪肉、牛肉、狗肉、鸡肉、

水族长鼓队

水族村寨

水族婚礼仪式

都匀市椰木水寨的民族风情表演

鸭肉、鱼肉等，均属自养禽畜。其中，鱼在水族人民副食品中有特殊地位，几乎家家养鱼，并以鱼为祭祀和待客珍品。水族的风味食品主要有两种：一为韭菜鱼（又称"鱼包韭菜"），被誉为水族第一名菜，是节日、婚丧、祭祀中必不可少的一道菜；二为烧烤香猪，特点是皮薄骨小，肉质细嫩。酒是水族人民的重要饮品，多数水族成年男子喜欢饮酒。其中，九阡酒是水乡名酒，产于三都水族自治县的九阡镇及其毗连地区。

水族男装以上穿对襟短衣、衣布扣，青色为主，下穿大裤脚长裤，包头帕。水族女装款式较多，有身穿蓝色及膝右衽长衫，短领，着长裤，胸佩绣花围腰，围以银链饰，围腰中部系提花飘带，脚穿钩穴花鞋或元宝盖绣花鞋，头斜插梳子，外包白（青）色长帕的；有着及腰短衣，穿长裤，包青色头帕，复包白色头巾，胸佩绣花折围腰的，不一而足。饰物主要有银钗、银花、双龙戏珠银压领、银手镯、银项圈等。水族刺绣的手法有贴绣、平绣、十字绣、马尾绣等。

水族节日以水族历法推算，有端节、卯节、敬霞节、苏宁喜（娘娘节）、额节等。祭祀、赛马、敲铜鼓、对歌等是水族节日的重要组成部分。水族节日催生了鱼包韭菜、鱼包广菜、龙蚌菜、九阡酒等民族特色浓厚的水族饮食。

毛南族风情

（四）毛南族

黔南州毛南族有近 3.82 万人，主要居住在平塘县、独山县和惠水县。毛南族自称为"印绕""哎绕""印吞""哎吞"，属于人口较少民族之一。毛南族语言属汉藏语系壮侗语族侗水语支，分河东土语、河西土语和姚哨土语，但普遍兼用国家通用语言。毛南族建房选址多在依山傍水的河谷山腰，房间一般3间6格，正中一间为堂屋，堂屋壁上设神龛，前面留三四尺宽吞口；左右侧前间做聚餐待客用，后间为卧室；楼上存放粮食和杂物。

毛南族主食是大米，缺粮时以苞谷（玉米）、小米、红薯补充，进餐时，多以砂锅煮菜。毛南族的成年男子多数饮酒，所饮的米酒、苞谷烧等均系自酿；家庭主妇多善酿酒而不饮酒。毛南族的男女老幼喜喝稀粥。如猎获山羊，除将羊肉按户平分外，便用羊头熬粥共享；杀猪、狗时，常用血煮稀粥，并喜将狗血、猪血加五香佐料拌糯米面灌入猪肠、狗肠内，称"血灌肠"，是成年男子喜食的食物之一。

毛南族舞蹈

平塘县毛南族学生表演传统舞蹈"猴鼓舞"

毛南族女装最大的特点是，喜穿镶有三道黄色花边的右开襟上衣和滚边裤子，从衣领到衣襟镶有花边，腰束绣花围口和绣花飘带的青布围腰，头包粉色或青色头帕并留缨须，手戴银镯或玉镯，脚穿圆口或尖头船形绣花鞋；男子穿青色对襟衣或长衫，用长约八尺青布缠在头上，头巾一端有布须，腰缠八尺长的青色腰带，下穿宽筒裤子，脚穿白底黑面布鞋。

毛南族传统节日有"雨定"（火把节）、"寒尾"（迎春节）、"誉久"（桥节）。"火把节"是在农历除夕夜，各家自备火把，以吹牛角和敲锣打鼓为号，聚集后赴各家祝福，各户均鸣放鞭炮迎接。之后，毗邻村寨之间各由1人带领众人互相对骂，认为骂得越凶越吉利。对骂中，暗派一些青壮年潜入对方队伍或埋伏在对方村寨边沿，秘密捕捉对方成员，将其灌醉方休。"迎春节"的时间与汉族的清明节是一致的。当天，年过花甲的老妇人们，穿着传统服饰，拿着各种食品，三五成群，到预定地点聚餐。饭前焚香秉烛化纸祭祀，祈求风调雨顺，五谷丰登。席间摆谈家常，唱歌敬酒，尽兴方散。"桥节"是在农历三月前后举行，俗称"修桥补路"，其形式是用一根小木棒做成桥形，竖立于溪边路旁，用彩线连接近处祖坟，并唱桥歌，意在"有子保子，无子求子"。凡40岁以上者都"做桥"，以后每年都要暖桥一次，家家如此，故称桥节。

毛南族婚俗"讨八字"

瑶族群众的陀螺绝技

（五）瑶族

黔南州瑶族有近 1.18 万人，主要分布在荔波县的瑶山瑶族乡、瑶麓瑶族乡和茂兰镇。瑶族人民自称"努格劳""努茂""杯冬诺""拉珈"等，其语言属汉藏语系苗瑶语族苗语支，根据服饰特点分"白裤瑶""青瑶""长衫瑶"等。

瑶麓、茂兰的瑶族同胞多居住在盆地、小坝子，产水稻和玉米，因而以大米和玉米为主食，以小米、红苕、荞子为辅食。瑶山的瑶族同胞所居的高山缺水地区主产玉米，故以玉米为主食，辅以小米、荞子、高粱、红稗、南瓜、野菜、蕨根等。瑶族男子普遍饮酒，尤以瑶山瑶族为甚。他们集市相逢，数人围聚，大碗盛酒，互相传递，一人一口，依次轮流，不醉不散；婚丧节庆，菜肴可简，酒不能少，常以喝无菜"寡酒"为乐。瑶族的粮仓很有特点。一是离寨远，防火；二是离地高，仓底离地一米左右，防潮；三是仓板伸出仓体 30 多厘米，仓柱中间罩陶坛，防鼠；四是封闭较严密，防雀。

瑶族婚俗一般经过交友、提亲、结亲等程序。其间有"姑娘追""凿壁谈婚""玩门廊""捶亲""不落夫家"等传统。瑶族节日不多，规模亦不大，主要有年节（春节）、七月半、六月卯、尝新节等。

荔波县瑶族乡的东方第一长席——瑶族瑶王宴

瑶族粮仓

瑶族乡的瑶族民居

瑶族"凿壁谈婚"风俗

瑶族喜迎新娘进山寨

二、民族团结进步创建工作

2013年以来,黔南州根据国发2号文件"打造民族团结进步繁荣发展示范区"及省委关于"唱响好花红民族绚歌,奋力打造民族地区创新发展先行示范区"的精神,始终将民族团结进步创建工作作为引领和推动黔南发展、解决黔南问题的重要抓手,以创建工作统揽全州民族工作。通过全州上下共同努力,在开展民族团结进步示范州创建活动中探索出了"四个五"工作模式,即:突出抓顶层设计、抓组织领导、抓力量整合、抓人才培养、抓督促检查"五大环节";打好经济跨越攻坚战、基础设施大会战、脱贫攻坚大决战、民生改善持久战、生态建设保卫战"五大战役";培塑精神标杆、宣传高地、"九进"阵地、文化品牌、示范典型"五大载体";强化民族事务治理、宗教事务管理、基层组织建设、民主法治保障、平安黔南构建"五大建设",为创建工作提供了根本遵循。2018年10月17日至20日,国家民委组织考核验收组对黔南州创建工作进行考核验收时,称黔南州为全国创建工作提供了示范,树立了榜样。同年12月29日,黔南州被国家民委命名为"全国民族团结进步创建示范州",惠水县好花红、惠水县濛江街道新民社区、黔南民族师范学院等3家单位也被命名为"第六批全国民族团结进步创建示范区(单位)"。

(一)开展情况

一是加强组织领导,坚持高位推进。创建工作开展以来,全州各级党委政府高度重视,州级层面成立了由州委书记、州长任双组长,州委副书记任常务副组长,州四家班子分管和联系领导任副组长,州直有关部门主要负责人为成员的创建工作领导小组;各县(市)和州直各部门均成立了"一把手"任组长的领导小组和创建办,加强对创建工作的组织领导。州委、州政府相继出台了《关于建设黔南民族团结进步繁荣发展示范区的实施意见》《黔南州创建全国民族团结进步示范州活动实施方案》等系列文件,强化顶层设计,高位推进民族团结进步示范创建工作。同时,州级财政按照全州总人口人均1元、各县(市)按照全县(市)总人口人均2元的标准分别由本级财政保障创建经费。

国家民委命名黔南州为"全国民族团结进步创建示范州"文件

二是加强学习宣传，营造创建氛围。充分利用传统媒体、新媒体和民族节庆、州庆等平台，大力宣传党和国家民族政策和法律法规，通过编发一套教材、制作一本画册、开辟一个主题栏目、组织一场知识竞赛等工作，努力营造良好宣传舆论氛围；利用布依族"六月六"和苗族"四月八"等民族节日、民族文化进校园及"四项教育"等活动载体，扩大创建宣传范围。每年坚持开展"民族团结进步宣传月"活动，做到每年都有新主题，促进了示范创建活动的深入开展。

三是开展"九进"活动，培塑示范典型，提炼创建主题。通过认真开展示范创建进机关、进企业、进社区、进乡镇、进学校、进宗教活动场所、进军（警）营、进园（景）区、进"两新"组织等活动。扎实推进创建工作，突出创建主题。如在机关培树勤政廉洁、服务群众的典型；在学校抓民族团结思想进课堂、进教材、进头脑，夯实教育基础；在宗教活动场所强化教育引导宗教界人士依法管理、促进和谐，培树爱国爱教的典型。全州共有全国民族团结进步模范集体4个、模范个人4名，省级模范集体29个、模范个人38名，省级示范单位109个、州级示范单位2127个，州级模范集体50个、模范个人79名。涌现出了荔波县邓恩铭烈士故居、黔南州民族博物馆两个全国民族团结进步示范教育基地，龙里县湾滩

黔南州委统战部主办，州直机关工委、州民宗委、州教育局等承办的第二届"五个认同进校园"文艺汇演

河镇走马村全国示范村、平塘县国际射电天文科学旅游文化园、惠水县好花红镇、惠水县濛江街道新民社区、黔南民族师范学院等5个全国民族团结进步创建示范区（单位）；贵定县盘江镇至昌明镇省级民族团结进步示范带、惠水县新民社区、百鸟河数字小镇、贵州盛华职业学院、好花红镇省级民族团结进步示范群等示范先进典型。

四是加强学习交流，加强督促检查，提高创建水平。对县（市）和州直部门的创建工作实行月调度制。坚持问题导向，主动谋划协调，创新方式方法，加强对创建工作的督查、指导，确保创建工作高效有序开展。在县（市）之间、部门之间开展互观互检，通过现场观摩，达到互相学习、互相促进、共同提高的目的。同时，对照创建全国民族团结进步示范州测评的5个一级指标、15个二级指标、42个三级指标，做好资料收集、整理、归档和电子档案管理平台制作工作。还先后组织人员到四川凉山，西藏拉萨，云南大理、楚雄，青海海西，省内铜仁、黔西南等兄弟市（州）学习创建工作经验；举办全州创建知识培训班及知识竞赛，邀请省人大民宗委领导作专题讲座；派员到中央民族干部学院参加民族团结进步创建知识培训班学习等。通过学习观摩、集中培训等方式，不断提升创建工作水平。

福泉市开展"民族团结进乡村"活动,黔南州民宗委和福泉市民宗局向苗族群众分发有关民族政策、法律法规宣传资料

荔波县樟江园社区开展民族团结进步创建活动宣传展示

贵定县开展"民族团结进机关"活动,设立少数民族服务示范岗

贵定县开展"民族团结进军营"活动,进行民族政策宣讲

福泉市国税局组织开展民族团结进步示范单位创建应知应会测试

贵定县盘江镇新街社区获得黔南州民族团结进步创建活动"示范社区"称号

（二）主要成效

通过五年的民族团结进步示范州创建工作，经济社会取得了前所未有的发展，民生福祉取得了前所未有的改善，民族团结取得了前所未有的巩固，实现了"三个新跨越"。

一是自治州经济社会发展实现新跨越。通过民族团结进步示范州创建，全州基础设施明显改善、特色经济优势凸显、贫困问题有效解决、公共服务趋于均等、民族文化愈加繁荣、教育科技全面振兴、生态建设取得实效、发展差距逐步缩小，经济社会全面协调可持续发展，各族人民的生活水平和幸福感明显提升。全州综合经济实力大踏步前进，2018年，全州完成地区生产总值1313.46亿元，增长10.8%。规模以上工业增加值增长10.3%，固定资产投资增长17.2%，社会消费品零售总额增长8.3%，一般公共预算收入119.7亿元。城镇和农村常住居民人均可支配收入分别突破3万元和1万元，达到31136元和10721元。全面小康实现程度达96%。经济发展综合测评排全省第三，连续6年稳居全省"第一方阵"。在全国30个少数民族自治州中，经济指标综合排位从2012年的第9位跃升至2017年的第5位。

二是自治州民族团结进步事业实现新跨越。通过民族团结进步示范州创建，凝聚了全州各族干部群众抓发展、谋发展的激情，极大地鼓舞了全州各族干部群众干事创业的士气，为全州决战脱贫攻坚、决胜同步小康奠定了坚实基础、凝聚起强大力量。近年来，民族团结观念深入人心，民族工作体制健全有效，民族政策法规体系不断完善，把握和处理民族问题的能力不断提高，民族团结和睦指数和民族团结进步指数均达100%。

三是自治州繁荣稳定开放创新实现新跨越。通过民族团结进步示范州创建，自治州对外开放水平不断提高，对外经济合作更加深入。探索出福泉"112"、瓮安"5531"社会治理模式改革、"政务110"等一批在全省推广的改革经验，群众安全感、满意度连续多年获全省第一。全州发展环境持续优化，营商环境指数连续四年位居全省第一方阵，民营经济蓬勃发展，占GDP比重达61.8%。

三、扶持人口较少民族工作

(一) 基本情况

平塘县是人口较少民族毛南族聚居的重点县，拥有全国唯一的卡蒲毛南族乡，全县共有毛南族聚居村19个，村民组294个，自然村寨307个。其中，一类贫困村2个，二类贫困村2个，三类贫困村4个，非贫困村11个。毛南族总人口33108人，占全县总人口的9.82%，主要分布在卡蒲毛南族乡、者密镇、平舟镇、金盆街道和全省极贫乡镇之一的大塘镇等5个镇（乡、街道）。2014年共有毛南族建档立卡贫困户2995户11361人。2016年，8个毛南族聚居贫困村全部出列，截至2019年底，共计减少毛南族建档立卡贫困人口2810户11005人，剩余毛南族未脱贫人口185户356人，贫困发生率从2014年的32.85%降至2019年底的1.07%。

近年来，按照习近平总书记关于"全面实现小康，一个民族都不能少"的指示精神，结合《贵州省人口较少民族聚居行政村率先实现全面小康行动计划的通知》的安排部署，平塘县按照"两个优先"的政策，着力推进毛南族聚居村率先实现全面小康进程。一是狠抓农村产业结构调整，夯实群众收入支撑，毛南族聚居村经济发展欣欣向荣，人均可支配收入由2014年的6666元增长到11241元，高于全县农村居民人均可支配收入水平（11233元）8元。二是加大水、电、路等基础设施建设，毛南族聚居村较全县提前一年实现了村村通、组组通、户联户通"全覆盖"，群众生产生活安全饮水"全覆盖"，标准用电"全覆盖"。三是落实教育医疗住房"三保障"解决了后顾之忧。差别化落实毛南族寄宿生人均生活补助250元／年，在全省率先出台学前"三免"、高中"两免"资助政策，贫困户子女实现教育有保障，义务教育阶段学生入学率实现100%。建档立卡贫困人口住院实现基本医保、大病保险、医疗救助三重医疗保障全覆盖，家庭医生签约服务全覆盖，农村贫困人口参保率实现100%。农村危房改造和旧房整治工程全面实施，住房保障政策落实实现100%，实现户户有安全住房的目标。四是进一步培育和壮大独具特色的民族文化，推动文化产业化发展。毛南族聚居村取得翻天覆地的变化，群众收入大幅增加，获得感、幸福感、安全感大幅提升，毛南族干部群众民族自信心和自豪感显著增强，脱贫致富内生动力得到极大激发，2019年底，全面通过省政府人口较少民族聚居村率先小康验收，并得到全国政协民宗委、国家民委和省民宗委的高度认可。

卡蒲毛南族乡一角

（二）目标实现

2020年1月份，平塘县以"零漏评、零错退、零疑问，群众认可度达99.41%"的成效顺利通过省级贫困县退出第三方评估检查，评估组指出："平塘县确实是做到了全力在攻坚、合力在攻坚、齐心在攻坚，干部干群关系特别好，是用心在谋扶贫，用力在抓脱贫，把脱贫攻坚当作党的一种事业，用心、用力、用情在干事。确实是高质量打赢脱贫攻坚战。"3月3日，贵州省人民政府发布公告，同意平塘等24个县（区）退出贫困县序列，平塘顺利实现减贫摘帽。4月底，全县毛南族剩余未脱贫人口185户356人全部实现"一达标、两不愁、三保障"脱贫标准，率先达到毛南族贫困人口整族脱贫，为全县高质量按时打赢脱贫攻坚战树标杆、做示范。

六硐村毛南族花园农家

(三) 主要做法

一是突出工作落实，建立高位推进组织体系。平塘县委县政府始终高度重视毛南族率先实现全面小康工作，高位谋划，高位推进，成立县长为组长的平塘县扶持毛南族聚居村率先实现全面小康工作领导小组，设置毛南族聚居村率先实现小康工作专班，认真落实毛南族率先实现全面小康责任担当；成立以人大主任为组长的督查组，按月督查，一查一通报；县委主要领导定期调度，坚持目标导向，突出工作重点，找准毛南族聚居村脱贫奔小康工作的切入点和突破口，破解工作瓶颈，形成"政府落实、人大督查、党委调度"高位推进的组织体系。

二是突出实现目标，健全合力攻坚工作机制。针对毛南族率先实现全面小康目标，推行"五定""四到位"健全率先小康工作机制（定目标、定任务、定指标、定项目、定责任，确保安排部署、政策落实、资金筹措、监督检查到位），紧扣"经济发展、社会和谐、生活质量、民主法制、文化教育、资源环境"等六个方面和"一达标、两不愁、三保障"脱贫要素，强化措施，整合资源，按照"两个优先"的政策谋划项目，落实任务，加大扶持，集中力量推进毛南族率先脱贫和实现全面小康工作，形成全县上下各部门和镇（乡、街道）齐抓共管、上下联动的工作格局。

三是突出奠定基础，抓实民生福祉改善。围绕毛南族聚居村水、电、路、讯和清洁能源等"五通"的目标和医疗卫生教育等公共服务保障，优先落实项目推进实施，夯实群众生产生活条件，广大毛南族群众的获得感、幸福感持续提升，自主发展、自力更生改变贫困面貌的内生动力不断增强，偏远、落后、闭塞已经不再是人口较少民族地区的代名词。截至2019年底，全县19个毛南族聚居村生活质量实现程度达98.5%以上。

四是突出增收支撑，狠抓农村产业结构调整。率先小康，产业发展是关键。平塘县依托黔南师范学院挂帮卡蒲毛南族乡的契机，按照"一村一品"规划，以"一长两短"产业布局，大力推广与黔南师范学院合作创新开辟的"校农结合"产销对接扶贫模式，深化拓展"校农结合"向"乡厂校店"的升级转变。第一，大力发展产业助民增收。以农村产业"八要素"为抓手，积极推广拉关村"村社合一"成功经验，坚持把春耕生产与产业结构调整相结合，提前谋划产业布局，确保春耕生产不误农时、稳步推进，切实带动农户发展产业增收。第二，因地制宜，采取"三变模式""公司＋合作社＋农户"等方式，发展蔬菜、精品水果、中药材和养牛、养兔、家禽等种养殖业。第三，充分发挥民族工艺扶贫车间"飞地模式"，吸纳贫困劳动力就近务工增加收入。第四，加大就业保障力度。做好毛南族有劳动力群众与就业服务中心、网格员的无缝对接，做到精准输送用工，同时组织符合务工补助条件的群众申报务工补助，切实为增加建档立卡户收入提供保障等。毛南族聚居村经济发展欣欣向荣，经济发展活力指数达97.3%，实现了"户户有增收项目，人人有奔康门路"的目标，夯实了小康生活支撑，人民生活水平大幅提升，社会和谐实现程度达99.69%。

卡蒲毛南族乡移民工程

脱贫攻坚"校农结合"蔬菜收购现场

卡蒲毛南族乡文体广场

毛南族少女请游客喝迎宾酒

自然人文篇

一、自然环境

（一）地理位置

黔南州位于贵州省南部，地跨东经106°12′至108°18′、北纬25°04′至27°29′之间，国土总面积26197平方千米。东与黔东南苗族侗族自治州相连，南与广西壮族自治区河池市、百色市交界，西南与黔西南布依族苗族自治州接壤，西与安顺市相连，西北与贵阳市为邻，北与遵义市相连。东西最大宽度207.9千米，南北最长269.4千米。北部较窄，中南逐渐宽阔，地域轮廓呈凸字形。

（二）地貌特点

黔南州处于一个完整的地质构造单元中，海相沉积（主要是生物沉积、化学沉积和机械沉积）多、厚度大，受造山运动及凹陷趋势影响，形成了一系列整齐有序平行排列的、平缓宽大的背斜和陡峻狭长的向斜相间的、以南北向为主的隔槽式褶皱。黔南在晚元古代形成地台基底后，多次接受海相沉积，形成了地层发育齐全、厚度大、层次完美、化石丰富的特点，成为全国标准地层之一。黔南地势西北高，东南低，河流侵蚀切割强烈，峡谷较多，山地、丘陵、盆地（俗称坝子）和河谷相互交错，高山、峡谷和丘陵占全州总面积的97%以上，地貌类型之多，规模密度之大，均为全省之冠。其中，地面上峰丛、峰林、槽谷、洼地分布广泛。地下岩溶发育，阴河、溶洞既多且奇。溶洞有单层、双层、多层齐全的，水平、倾斜、朝天兼具的，还有干洞、水洞，形态多姿，各具特色。

（三）气候特征

黔南州处于亚热带东亚季风区。由于距海洋较近，每年大部分时间受海洋暖湿气流的影响，具有明显的亚热带季风湿润气候特征。来自西伯利亚的冷干气流与来自海洋的暖湿气流常在州境上空相遇，势均力敌，形成"准静止锋"，导致浓云密布，阴雨连绵，日照较少。在季风影响下，雨热同季明显。夏季为雨季，降水量常为全年总降水量的3/4以上，日照率常为35%-45%，是全年积温最多的季节。同时，由于地形复杂，高低起伏较大，气候的垂直变化比较明显，小气候也

荔波县捞村峡谷

比较多。既有寒冷绵长的高寒山地，也有冬无严寒、夏无酷暑的丘陵坝区，还有常年无霜的"天然温室"——红水河、都柳江、樟江的河谷地带。在一个狭小的地带内，也常因海拔高度的不同而呈现明显的气候差异，"山下桃花山上雪，山前山后两个天"的奇异现象屡见不鲜。

二、自然资源

（一）水资源

黔南州的河流以苗岭山脉为分水岭，苗岭以北属长江流域的乌江水系和沅江水系，苗岭以南属珠江流域的红水河水系和柳江水系。全州有100多条中小河流（不包括季节河），总长度5000千米，河网密度为每平方千米0.2千米。由于境内碳酸盐类岩广泛分布，裂隙较多，大气降水容易渗漏，形成了较大规模的地下河

长顺县杜鹃湖

水系。据不完全统计，中小地下河达 200 多条，仅独山县长度超过 4 千米的地下河就有 22 条。州内最长的地下河是位于罗甸县沫阳附近的大小井地下河系，长达 85 千米。由于地下岩溶的发育，地表河常常伏入地下成为暗流，流经几千米或十几千米，又流出地表，形成地表河忽明、忽暗、明暗相间的独特运动形式。黔南河流属山区型河流，落差大，加之境内降水充沛，河川径流量大，水能资源丰富。

（二）土壤资源

根据普查，黔南州的土壤共有 9 个土类、23 个亚类、300 多个土种。主要有赤红壤土类（砖红壤性红壤）、红壤土类（红泥土）、黄壤土类（黄泥土）、红色石灰土类、石灰土类、紫色土类、潮土类、草甸土类、水稻土类。因海拔高度不同，在地形、母质、气候、水文等条件影响下，土壤分布具有明显的立体感。同时，因受地域性因素的制约，地带性土壤与非地带性土壤彼此交错分布，构成了不同的土壤组合。全州黄壤土带分布范围最广，面积为 19327 平方千米，占全州总面积的 73.78%，适宜发展一年两熟和中亚热带经济作物。

黔南州土壤

惠水县摆金镇田间风光

荔波县茂兰国家级喀斯特森林自然保护区

福泉市黄丝千年古银杏树

三都水族自治县拉揽林海

(三) 植物资源

据林业部门勘察统计，黔南州共有各种植物170科，744属，1384种，约占全省植物科数（197科）的86%，属数（1404属）的53%，种数（4951种）的28%。由于州境地理位置偏南，绝大部分地区未受冰川袭击，成为古老植物的"避难所"或新生类群的发源地，因而许多古老的植物和孑遗植物得以生存，如银杏、鹅掌楸、水青树、木兰、五味子、猕猴桃、鹅耳杨、胡核等。

黔南的野生植物用途广泛，可分为食用植物、药用植物、工业用植物、景观植物。其中被列入国家一、二、三级保护的珍稀植物有喙核桃、钟萼木、柄翅果、伞花木、杜仲、福建柏、掌叶木、鹅掌楸、马尾树、观光木、篦子三尖杉、十齿花、短叶黄杉、田林细子龙、翠柏、蝴蝶果、八角莲、领春木、天麻、黄枝油杉、柔毛油杉、华南五针松、银鹊树、凹叶厚朴、红花木莲等。此外还有铁坚杉、三兴杉、独山石楠、红豆树等11种木质优良的树种。

黔南大山里嬉戏的黑熊

黔南珍稀动物大鲵

（四）动物资源

　　黔南得天独厚的自然环境，为野生动物的生存、活动和繁衍生息提供了优越条件，野生动物的种类和数量繁多。据调查，全州共有各类野生动物570余种。其中，国家一类保护动物有华南虎、云豹、金钱豹、苏门羚、斑羚和中华秋沙鸭等6种；国家二类保护动物有猕猴、红腹锦鸡、白鹇、蟒等10种；国家三类保护动物有黑熊、大灵猫、小灵猫、褐耳鹰、雀鹰、松雀、金雕、白腹山椒鸟、燕隼、红隼、虎纹蛙和大鲵等18种。值得一提的是，黔南有药用脊椎动物上百种，是重要的医药工业原料基地。

瓮福磷矿采矿厂

（五）矿产资源

黔南州的矿产与地质构造沉积环境关系密切。金属矿产主要贮存和分布于断裂带或岩浆岩内，非金属矿产主要贮存于震旦纪、寒武纪、泥盆纪、石炭纪、二叠纪和三叠纪等地质时代的地层中。已发现的矿产资源有50余种，已探明储量的有磷、煤、油页岩、铁、汞、铅、锌、锑、金、铝、铜、火黏土、硅石、石英砂、白云石、砷、重晶石、电石灰石、石灰岩、石膏、辉绿岩、花岗石、紫砂陶、大理石、水晶、冰洲石。其中，磷矿储量最为丰富，达40亿吨以上，主要分布在福泉市、瓮安县，是我国特大型磷矿山之一。

瓮福集团磷肥厂

喀斯特峰丛冬景

三、旅游资源

黔南州冬无严寒,夏无酷暑,自然景观与人文历史古迹、红色历史名胜融为一体,自然景观与民族文化、民族风情相互交融,旅游资源十分丰富。

自然景观方面。黔南岩溶地貌发育十分强烈,喀斯特地貌类型之多,规模密度之大,为全省之冠,是世界上岩溶发育最完美、最典型的地区之一。在这块神奇而又美丽的大地上,大自然的鬼斧神工造就了许多迤逦而又雄壮的自然景观,加之65%以上的森林覆盖率,绵亘的山峦若游若吟、若飞若啸,江河曲折回环,披珠戴玉,且歌且舞。"奇山、奇峰、奇洞、奇石、奇水、奇鱼、奇树、奇竹、奇草、奇景"像洒落在万山簇拥的贵州南部的一块块美玉,山山有景,景景藏奇,处处如画,无不令人惊叹叫绝。

　　人文景观方面。在黔南大地上生活的各兄弟民族都有着悠久的历史和灿烂的文化。特别是布依族、苗族、水族、毛南族、瑶族等世居少数民族的传统文化格调古朴，民风民俗绚丽多姿。这些鲜活特有的民族文化、民族风情的立体色彩，使水光山色、人文古迹充溢着蓬勃的生机与活力，使黔南这块风水宝地显得更加魅力无穷。自然景观与人文历史古迹、红色历史名胜融为一体，自然人文景观交相辉映，构成了一幅幅色彩斑斓、古朴深邃、意境深远的人文风情画卷，赋予了黔南旅游资源的文化内涵。可以说，大自然的鬼斧神工造就了黔南称绝于世的奇山丽水，多彩多姿的人文风俗及源远流长的历史古迹则为黔南注入了灵气和活力。

归兰山景区

得益于优渥的自然人文环境，黔南州着手实施旅游业"九大工程"，精心打造区域综合旅游目的地，旅游业实现了提质增效，旅游业发展指数位居全省前列。旅游业的发展，大大促进了商贸流通市场体系的建设，商业业态层次稳步提高，电子商务迅速发展，全州线上批零住餐市场主体达1200余户，居全省第一，商贸服务业增加值预计达150亿元。

（一）都匀市

都匀生态环境优美，民族特色浓郁，是黔南州府所在地，是全州经济、政治、文化的中心。都匀融山水园林、民族风情、休闲娱乐为一体，素有云贵高原"山水桥城"之称，是中国优秀旅游城市之一。

1. 归兰山景区

归兰山景区位于都匀市阳和水族乡境内，深受广大徒步旅游者喜爱。2009年，在中国国家地理"寻找中国十大非著名山峰"活动中入选为"贵州十大非著名山峰"。境内清溪横流、瀑群各异、奇峰怪石林立、山上坡缓草密、山谷清幽、溪水清澈，宛若世外桃源。

斗篷山景区

2. 斗篷山—剑江风景名胜区

斗篷山—剑江风景名胜区位于都匀市西北部，距市中心 22 千米，雄踞于苗岭山脉中段，景区包括胡广峡谷、马腰河峡谷、黄河谷风光和斗篷山风光 4 个片区。斗篷山主峰海拔 1961 米，其中心地区在地形上是一个封闭完好的高位盆地，山体相对高差较大，山雄、谷幽、林美、水秀，独具雄奇险峻大山神韵。斗篷山湿润的气候、充沛的雨水和深厚的土壤，为动植物生长繁殖提供了良好的自然生态环境，是一座巨大的生物基因库。

凤啭河景区的漂流

3. 凤啭河景区

凤啭河景区距市区 54 千米，与独山、平塘两县相邻，为三县市交界处，以漂流为主线，辅以布依村寨民族风俗。凤啭河清澈见底无污染，两岸山势高耸，林茂草丰，岩石上多处长无土灌木，俗称"石上开花"。从沿河村大河坝盐井处起，乘橡皮艇沿河而下划行 7.5 千米，历时近 2 小时；途中有 16 个波峰段，最短 30 米，最长 200 米，急流险滩间而有之。漂流者既可享受大自然青山绿水的恩赐，又可饱尝波峰浪急带来的刺激。

四方潭景区

4. 四方潭景区

四方潭景区位于都匀市甘塘镇境内，由湖光山色、滚猪岩峡谷和杨家冲峡谷三个景区组成。景区奇山秀水，集云雾、湖、瀑、潭、野鸳鸯、自然风光、悬崖峭壁于一体。狭谷落差高达 480 米，多级瀑布凌空倾泻，如玉龙腾空、竹帘垂地、飞花碎玉；奇峰、奇石似神似兽，形状万千，婀娜多姿，千姿百态，惟妙惟肖，栩栩如生；野生鸳鸯相映成趣，通往贵阳的古驿道，沧桑悲凉；大自然空气清新，是一个天然的大氧吧，令人心旷神怡。

石板古街

5. 石板古街

石板古街始建于明洪武年间（1368—1398 年），长约 200 米，是明清时期贵州通往广西的必经古驿道。路面以 10001 块青石铺砌而成，街两头各配一对石狮，南面街口建有古式门，整条街道古朴典雅。1638 年，中国伟大的探险家、旅行家徐霞客到都匀游览，即由此路段进城。1992 年，石板街经维修改造，房屋随着街道蜿蜒上升，鳞次栉比。如今，这里还定期安排举行布依族婚礼、芦笙、铜鼓、对歌表演等民族民俗活动，成为都匀市吸引游客观光的别具特色古建筑群。

百子桥

6. 百子桥

百子桥位于都匀市广惠路南端，始建于清乾隆年间，桥长140米，宽8米，高11.5米，为七孔石拱桥，集艺术性、观赏性和实用性于一体。因历史悠久，成为"山水桥城"都匀的标志性古建筑。1999年被贵州省人民政府公布为省级文物保护单位。

文峰园景区

7. 文峰园景区

文峰园景区位于城南龙潭西岸，剑江三面环绕，以清代石塔文峰塔为主体设计建造而成，是一座开放式休闲公园。文峰塔原名文笔塔，始建于明代万历年间，系五层木塔。

（二）福泉市

福泉位于贵州省中部，春季风和日丽，夏季雨多日照长、无酷暑，秋季日照充足、秋高气爽，冬季雨少冷期短、无严寒。在这片古老而神奇的热土上，城厢古城垣以古城文化闻名遐迩，风景名胜绮丽迷人，民族风情独具特色。

1.洒金谷风景名胜区

洒金谷风景名胜区位于福泉城郊，是贵州省政府首批命名的省级风景名胜区之一，是贵州东线及南线风景旅游的集散地。景区为鱼梁江、诸梁江、沙河三水切割而成，谷内绝壁高峻，雄浑磅礴，三水斗奇，佳景荟萃，以"古、幽、奇、险"闻名。主要景点有涌雪瀑、金龟戏瀑、将军过河、黑巷、麻哈峡谷、鸭爪坝、迭翠山、响琴峡等。古城垣、古桥、古驿道、古摩岩石刻散布景区，加之"张三丰搭桥""将军过河""牛王投江""黑熊抱美女""夜雨洒金桥"等众多美丽动人的传说故事在民间流传，洒金谷风景区被誉为"一个神话的世界"。

洒金谷景区

葛镜桥

2. 葛镜桥

葛镜桥位于贵州省福泉市城东南 2.5 公里处，桥长 52 米，宽 5.5 米，高 30 米，横跨在麻哈江两岸绝壁之上。桥在绝壁之上起拱，借江心一礁石下脚，设计绝妙，用料考究，工艺精湛，历经 400 多年，坚固如初。著名桥梁专家茅以升在其主编的《中国桥梁技术史》中评价其为"工程艰巨，雄伟壮观，为西南桥梁之冠。"葛镜桥，于 1985 年经省政府批准为省级文物保护单位，于 2006 年经国务院批准为全国重点文物保护单位。

福泉山

3. 福泉山

福泉山又名高贞观,位于福泉市西南隅,福泉因此山而得名。元末明初著名道家人物、内家功开山鼻祖张三丰曾在此修炼,福泉山因此成为西南道教圣地。

福泉古城垣

4. 福泉古城垣

福泉古城垣始建于明洪武十四年（1381年），由内城、水城、外城三部分组成一座瓮城，距今已有600多年，保存完好。古城垣依山傍水，上下贯通，设计

匠心独运，建造工艺精湛。举目眺望，三重城环抱，形成梯级防线，气势磅礴，雄伟壮观。这就是"里三层，外三层，石墙围水小西门"的水城奇观。福泉古城垣在军事、建筑、地质、水文等多方面蕴含着丰富的科研价值和历史文化内涵，被誉为"中国古代防御的绝妙之作"。

（三）荔波县

荔波县被誉为"地球腰带上的绿宝石"，拥有"国家级生态示范区""国家级文明县城""国家级卫生县城""中国野梅之乡""中国最美的地方"等诸多国家级荣誉，集生态旅游、民族旅游、红色旅游于一体，是国际王牌旅游目的地、世界人与生物圈保护区、世界自然遗产地。

茂兰国家级自然保护区

1. 茂兰国家级自然保护区

茂兰保护区是以亚热带喀斯特森林生态系统及珍稀濒危野生动植物为主要保护对象的国家级自然保护区，茂兰喀斯特原始森林是世界上分布集中、原生性强、相对稳定森林生态系统。区内动植物资源十分丰富，是我国生物多样性的基因库。1996年，茂兰保护区被联合国教科文组织纳入国际人与生物圈保护区网络。独特的地貌和森林类型，孕育了茂兰丰富多彩的旅游景观。这里的喀斯特锥峰尖削而密集，漏斗深邃而陡峭，洼地开阔而间连，构成了喀斯特峰丛洼地景观。景区内上有森林，下有石林，石头上长树、石缝里盘根等系列奇特景观与喀斯特明流、暗河、地下河出口、地下河天窗、上升泉、下降泉、瀑布、深潭、溶洞巧妙糅合在一起，构成了一幅幅充满原始野趣、古朴纯真的风景画卷。身临其境，不仅会为这里奇妙的山水景观所折服，还会为这里的瑶、水、布依等少数民族浓郁的传统文化和民族风情所倾倒。

小七孔景区拉雅瀑布

2. 樟江风景名胜区

樟江风景名胜区由小七孔景区、大七孔景区、水春河景区和樟江风光带组成，毗邻广西环江、南丹县，处在桂林—贵阳—昆明的三角旅游区内，总面积273.1平方千米，是国家5A级景区。景区以喀斯特地貌上樟江水系的水景特色和浩瀚苍茫的喀斯特森林景观为主体，景区内峰峦叠嶂，溪流纵横，景物景观动静相间，刚柔相济，既有奇、幽、俊、秀、古、野、险、雄的自然美，又有浓郁的布依、水、瑶、苗等民族风情。神秘奇特的喀斯特森林将树、石、水、藤、乔、灌完美地结合在一起，以其原始性强、集中连片为特色，被中外专家誉为全球喀斯特地貌上保存完好绝无仅有的"绿色宝石"。

小七孔景区鸳鸯湖

小七孔：融山、水、洞、湖、瀑为一体，森林密布、怪石嶙峋、清流跳跃、瀑布飞溅，巧夺天工，浑然天成。轻柔恬静的涵碧潭，古风犹存的七孔古桥，飞流狂泻的拉雅瀑布，潭瀑交错的68级瀑布，常响不息的响水河，盘根错节的龟背山，林溪穿插的水上森林，鬼斧神工的天钟洞，密林镶嵌的鸳鸯湖，银链飞溅的卧龙坝，幽蓝深邃的卧龙潭等等著名景点令人流连忘返。

小七孔景区卧龙坝

小七孔景区68级跌水瀑布

小七孔景区卧龙潭

大七孔景区天生石桥

　　大七孔：以原始森林、峡谷、伏流、地下湖为主，景观峻险神奇、气势雄伟磅礴。风神洞、恐怖峡、地峨宫等景点，洞中有瀑、瀑下有湖、湖上有天窗，阳光投下形如日月星斗，惊险、神秘、奇特。高百米、宽数十米跨江而过的天生石桥令人肃然起敬，为大自然巧夺天工之神力所折服，被誉为"东方凯旋门"。

水春河景区的漂流

水春河：樟江上游一轴长达13千米的丹青画卷，泛舟绿水白云间，宛如在画中游。沿途可欣赏到水平如镜的峡中湖水、湍浪翻卷的急流险滩、壁如刀削的险峰夹峙，两岸绿树如伞，浓荫蔽日，鸟语猿啼，野趣横生。顺十三道浪咆哮而下，急流恰似晶珠倾泻，缓流如琼浆濡沫，动静相间，刚柔相济，张弛有致，乐趣无穷。漂至静水区，弃舟登艇，欣赏两岸布依村寨及田园风光，感受村民在樟江河畔划着小舢板劳作的生活，观看调皮的小孩子光着身子在河中戏水的情景，妙不可言。

荔波县城北的邓恩铭故居

3. 邓恩铭烈士故居

邓恩铭烈士故居位于荔波县城向阳路 21 号。邓恩铭,水族,荔波县人,1901年生,中共创始人之一及中共一大、二大、五大代表,莫斯科共产国际会议代表,中国革命先驱者。邓恩铭烈士在中共历史上享有崇高的地位,其光辉业绩永载史册,受人敬仰。党和国家领导人江泽民、陈云、乔石等亲笔为邓恩铭故居题词,乔石委员长视察荔波时瞻仰了邓恩铭故居,并为故居展馆题写馆名。胡锦涛同志担任贵州省委书记视察荔波时,曾瞻仰了邓恩铭故居。邓恩铭故居为省级文物保护单位,省爱国主义教育基地,故居和陈列馆已成为西部省区著名的爱国主义教育基地及著名红色旅游景点。

荔波县邓恩铭广场

红七军板寨会师旧址纪念馆

4. 红七军板寨会师旧址纪念馆

红七军板寨会师旧址纪念馆位于荔波县洞塘乡板寨村。1930年4月中旬，中国工农红军第七军一、二纵队分别在张云逸、李明瑞的率领下，在板寨胜利会师。板寨会师后，红七军军部设在板寨下寨（现为中寨）的姚顺廷家，并在此召开了前委会议，即著名的板寨会议。为弘扬红军精神，荔波县委县政府对红七军会师旧址进行了修葺，并设立红七军板寨会师旧址纪念馆，为省级文物保护单位。

中华布依第一寨——音寨

（四）贵定县

贵定县位于贵州省中部，素有"黔中咽喉"和"贵阳门户"之称。贵定县自然风光奇绝秀美，文物古迹众多，先后获得"中国最佳休闲旅游县""全国农业旅游示范点""中华布依第一寨""中国酥李之乡"等称号。

1. "中华布依第一寨"和"金海雪山"旅游区

音寨位于贵定县盘江镇境内，是典型的布依村寨群落，因其历史悠久、风情浓郁、民居独特、风光秀美，被省布依学会命名为"中华布依第一寨"，是全国农业旅游观光示范点和贵州省乡村旅游示范村寨。

"金海雪山"奇景

音寨家家户户都在自己的房前屋后山坡上种植李树。每至春分前后,从音寨极目四望,远山近峦,到处绽开雪白纯洁的李花,这就是远近闻名的盘江酥李之花,与音寨河两岸满田满坝盛开的金黄色油菜花形成鲜明对比,白色、黄色交相辉映,粉红色的桃花点缀其间,翠绿色的树丛衬托其底,布依山寨隐约其中,绚烂的色彩,旖旎的景致,万亩油菜花和千顷李花构织成了"金海雪山"之奇景。

阳宝山佛教文化旅游区

2. 阳宝山佛教文化旅游区

阳宝山位于贵定县城北 3 千米,以佛教文化著称,兴盛于明清时期,与四川峨眉山、云南鸡足山并称为西南三大佛教名山,被誉为"黔东之胜"。几百年来,它以其雄奇、幽静、深邃、险峻引来无数游人和朝山拜佛者。阳宝山上有近 200 座佛教石刻塔院,是目前国内罕见的石刻塔林,堪称佛教文化精品。

阳宝山佛教文化旅游区

阳宝山佛教文化旅游区内的石刻塔林

洛北河漂流

3. 洛北河漂流景区

洛北河漂流景区是贵州省四大漂流之一，全长 18 千米。洛北河流经的峡谷、河谷及保存较好的森林植被构成景区内极为和谐的自然生态美景。漂流水势缓激相间，惊浪、险滩、激流、幽谷分布均衡，时而悬崖绝壁、巨礁突兀，时而飞瀑奔漩、峡谷幽深，时而水平如镜、水秀山奇，动中藏静，静中蕴动，浪遏飞舟，有惊无险，扣人心弦，被誉为"黔中第一漂"。

华灯初上的草塘镇

（五）瓮安县

瓮安县地处黔中腹地，黔南州北部，是黔中地区重要的"旅游中转站"。拥有瓮安草塘千年古邑旅游区、江界河国家级风景名胜区、朱家山国家森林公园等景区。同时又是著名的革命老区，尤其是红军长征四过瓮安，留下了"猴场会议""强渡乌江"等经典红色遗迹，"绿色瓮安、红色之旅"品牌闻名遐迩。

1.草塘千年古邑旅游区

草塘千年古邑旅游区位于瓮安县猴场镇，以猴场红色文化新村为核心区，汇聚了商贾文化、土司文化等，同时又有着浓厚的川湘滇黔民风民俗文化底蕴。

旗山书院

旗山书院是一座七开间三进二天井、三重檐悬棚式结构的仿明清宫廷内阁府邸建筑。总长58.9米，宽35.2米，高13米。占地面积2073.28平方米，建筑面积6339.43平方米。阁内的浮雕、镂雕、木雕、砖雕、石刻工艺精湛，是我国罕见的雕刻博物画廊。

双面大戏楼

晴雨双面古戏楼是一座雕梁画栋、具有鲜明徽派建筑风格的全木结构双面大戏楼，在4650平方米的建筑面积上，用399棵两人合抱的大木，托起27个飞檐翘角和一棵刻有上千个古代戏曲人物和亭台楼阁的红木木雕横梁，"斧夺天工"地将戏楼一分为二，为"双面戏楼"，又称"晴雨戏楼"，是迄今世界上规模最大的木建古戏楼。

黔山进士楼

黔山进士楼是瓮安古代书院,是瓮安文脉的发祥地,承载着重要的历史文化印记。进士楼采用庑殿、歇山、悬山、挑檐、架构、斗拱等"模数"结构施工方法建造,建筑面积2286平方米。楼内浮雕、木雕、砖雕、石刻工艺精湛,整体建筑高大雄伟。

宋钦故居

宋钦故居是一座穿斗式悬山青瓦顶木构建筑，尤以窗花和檐柱见奇，有"三阳开泰""鲤鱼跳龙门""姜太公钓鱼"等，体现了主人的显赫地位和建筑艺术价值。建筑艺术工艺精湛，惟妙惟肖。

猴场会议陈列馆

猴场会议期间毛泽东行居

猴场会议会址

　　猴场会议陈列馆。1934年12月31日下午至次日凌晨，中共中央在猴场（今草塘）宋家湾召开政治局会议，史称猴场会议。会议重申黎平会议决定，初步形成了以毛泽东同志为核心的军事指挥中枢，作出了《中央政治局关于渡江后新的行动方针的决定》，从思想上、组织上、军事上为遵义会议的召开奠定了基础。

冷少农烈士故居

2. 冷少农烈士故居

冷少农烈士故居位于瓮安县城南 2 千米，正房三间，厢房两间，青瓦屋面，建于清末，现原貌保持完好。冷少农 1900 年生于此，幼年在瓮安花竹书院读书，1923 年毕业于贵州省立政法学校法律科，1925 年在广东加入中国共产党。1927 年大革命失败后，受党的指派，到南京从事地下工作，是南京市委主要负责人之一。他先后打入国民党陆军总监部和南京宪兵司令部，任何应钦私人秘书，为党搜集了许多重要情报。他和党的其他负责人一起领导了"九·一八"事变以后的南京学生运动，同时深入南京国民党军内，成功策反警卫部队一个营带着武装到天目山找红军，引起国民党很大的震动。冷少农在武汉积极发展地下党员，还打

冷少农烈士像

入国民党教导大队，后不幸被捕。在狱中，冷少农备受酷刑，于1932年5月被国民党反动派杀害于南京雨花台。冷少农烈士故居为省级重点文物保护单位、州级爱国主义教育基地。

3. 朱家山国家森林公园

朱家山国家森林公园位于瓮安县和黄平县境内，总面积48.88平方千米，森林覆盖率为92.1%，由朱家山、映山红、塔坡、西坡、江界河五大景区组成。公园完好地保存了地球同纬度上独有的常绿阔叶原始森林，有岩溶地貌所特有的溶洞群落、惊险雄奇的乌江峡谷风光，世界第一跨度桁式组合拱桥——江界河大桥与红军强渡乌江战斗遗址、抗日战争胜利纪念塔等景点交相辉映，构成了集山水田园和历史文化于一体的旅游观光、休闲度假胜地。

朱家山国家森林公园

江界河大桥

奎文阁

(六) 独山县

独山县是云贵高原南部的一颗璀璨明珠,素有"贵州南大门"之称。多个少数民族在此聚居,民族文化底蕴丰富,享有"花灯之乡""全国文化先进县""中国民间艺术之乡"等称号,是全国首批"中国传统文化旅游名城"。

1. 奎文阁

奎文阁位于独山县兔场镇翁奇村,占地 850 多平方米,通高 25 米,始建于清同治十二年 (1873),由山门、阁楼、西厢房和耳房组成的两进院落,建筑结构紧密,造型美观,雕刻精细,保留了清代建筑雕镂艺术特色。内设孔子、关羽、观世音、魁星牌位,既是"私塾学馆",也是古代读书人祭祀魁星神的地方。

深河桥抗日文化园

2. 深河桥抗日文化园

深河桥抗日文化园的主题是贵州抗战陈列展览,真实反映了贵州各族人民投身抗日救亡、英勇抗敌的历史事实,是全国青少年教育基地、国家国防教育示范基地、贵州省爱国主义教育基地、贵州省国防教育示范基地。其中,抗战陈列馆陈列内容由四大部分组成:第一部分为日本侵华、民族危亡;第二部分为中流砥柱、胜利旗帜;第三部分为抗战后方、黔中英杰;第四部分为以史为鉴、面向未来。

抗日文化园内的黔南人民抗日纪念碑

甲定奇石"翻天印"

3. 甲定奇石"翻天印"

甲定奇石"翻天印"位于独山县甲定水族乡甲定村东部狭窄险峻的山梁上，岩石高约 3 米，上大下小，顶部为 2 米见方平台，下部最小处仅有二人合抱大小，近看好似一朵巨型平菇，远观如一枚朝天大印。

绿色生态旅游区——丫丫大草原

4. 丫丫大草原

丫丫大草原位于独山县上司镇打羊乡的天然草山坡，依托新西兰式天然牧场及独山县良好的气候，打造成西部第一牧场和山地草原休闲旅游度假中心，发展乡村度假旅游和农业观光，带动独山旅游经济和农村经济大发展。

平塘县城的"玉水金盆"

（七）平塘县

平塘山奇水秀，风光绚丽，境内喀斯特地貌发育典型，峰峦叠嶂，沟壑交错，河流纵横，拥有"天书""天坑""天眼"三大奇观。县城绿树掩映，一面倚山三面傍水，平舟河像条闪亮的玉带，把县城沿三面环绕起来，享有"玉水金盆"美誉。丰富的自然人文景观使平塘赢得了"山水园林生态旅游县"的美称。

1."玉水金盆"

平塘县城东倚挺拔葱茏的龙脑坡，玉带般的平舟河环绕南西北三面，从城西莲花坡的聚胜塔俯瞰全城，宛如盆景，玲珑俊秀，韵致天然，由此得名"玉水金盆"。

甲茶景区

2. 甲茶风景名胜区

甲茶景区位于平塘县摆茹镇，融山、水、瀑、洞、竹、石为一体，汇俊、秀、奇、险、幽、美于一身。甲茶瀑布宽40米，高37米，清盈秀丽，因陡斜岩层凹凸不平，形成多处跌坎而向下交叉流淌，恰似岩壁上铺的一幅晶莹剔透的巨大白绸，又像是几匹永不断头的银色长绢。甲茶湘妃竹高大茂密，绵延数里，成片成带，竹与竹之间枝枝相错，节节相绕，形成十里竹溪的独特景观。"九曲十八弯"是甲茶风景区的又一大亮点，泛舟九曲十八弯，别有一番风味。

甲茶瀑布

掌布峡谷内的藏字石

3. 掌布景区

掌布峡谷长6千米，两岸多悬崖峭壁和奇峰异石，峡谷内有多处地质奇观，其中"藏字石"最为引人入胜。在峡谷风景区中部的崖壁上，有一巨石从悬崖坠下，此石重约170吨，宽约3.2米，高约2.6米，从悬崖坠地后沿节理一分为二，右边巨石天然凸现形似"中国共产党"五个大字。这五个字排列有序，大小一致，间隔相当，天然形成一幅完整的书法艺术作品，当地百姓称之为"救星石"。此石神韵天成，令人称奇，被誉为"世界地质奇观，旷代天赐珍宝"，极具科学考察和鉴赏价值。

打岱河天坑群

4. 打岱河天坑群

平塘县是喀斯特地貌最为发育的地区之一,在方圆 25 平方千米范围内的打岱河周边,分布着打岱河天坑、安家洞天坑、道坨天坑、夏家坨天坑等 12 个大小不一的天坑,深度在 300 米至 600 米之间,规模数量大,天坑群地貌发育完整,凹陷深邃,具有稀少、奇特、险峻、壮丽、秀美的特点,被地质专家称为"自然天坑博物馆"和"世界岩溶圣地"。

500米口径球面射电望远镜

5. 中国天眼科普基地

500米口径球面射电望远镜（Five-hundred-meter Aperture Spherical Telescope，简称FAST）坐落于克度镇大窝凼洼地，被誉为中国天眼。该项目从提出构想到落成启用历时22年，总投资6.7亿元，具有我国自主知识产权，是世界上单口径最大、灵敏度最高的射电望远镜。

大小井自然风景区

（八）罗甸县

罗甸县境内气候温和，雨量充沛，素有贵州"天然温室"之称，拥有独特的喀斯特地貌，是一个以布依族、苗族等为主的少数民族聚居县。

1. 大小井自然风景区

大小井自然风景区位于罗甸县沫阳镇境内，风景区内布依族人口占人口总数的85%。景区主要由清澈碧绿的河水、遮天蔽日的古榕树、青翠欲滴的凤尾竹、错落有致的农舍、鬼斧神工的溶洞、神秘莫测的天坑、郁郁葱葱的原始森林、绿毯似的草地所组成，数千种珍稀动植物在此繁衍生息，加之当地布依族淳朴的民风，浓郁独特的民族风情，美丽动人的传说，成为誉满全球的著名风景区，被誉为"天下奇洞"和"东方洞穴博物馆"。

高原千岛湖风景区

2. 高原千岛湖风景区

高原千岛湖风景区位于罗甸县东南部，与广西天峨县相连接，为国家级水利风景区。随着龙滩水电站的建设，近400平方千米水域的"高原千岛湖"在罗甸境内形成，湖中呈现千岛星罗棋布、水光潋滟奇景。泛舟游览，可赏亚热带美景，观少数民族风情，尝山珍水产、农家佳肴。

杜鹃湖风景名胜区

（九）长顺县

长顺县山川秀丽，气候温和，历史悠久。杜鹃湖景区、神奇潮井、中华银杏王、西南帝王佛教圣地白云山等众多景点，构成了长顺人文景观与自然景观协调分布、民俗文化和历史古迹交相辉映的旅游资源。

1. 杜鹃湖风景名胜区

杜鹃湖风景名胜区位于长顺县城西北18千米，因湖岸杜鹃花树密布丛生而定名为杜鹃湖。杜鹃湖全长7千米，面积88万平方米，最宽处1000米，水深15～40米，库容1339万立方米。整座湖泊呈树枝状展布，湖湾港汊分布众多，湖泊周围丘陵山冈环绕。山冈上各种杜鹃、杨梅、松杉、枫香等满山密布，映山红、毛栗、青杠树等灌、乔木丛生，集山、水、鸟、林、泉、洞、寨为一体，是贵州省唯一的水上杜鹃花景区和原生态旅游休闲度假区，为省级风景名胜、国家级水利风景区。

白云山

2. 白云山

白云山位于长顺白云山镇，距县城 26 余千米，海拔 1462 米，山巅林木葱郁，常有白云笼罩，故得此名。白云山为贵州四大佛教名山之一、西南帝王佛教文化圣地、贵州省风景名胜区和贵州省重点文物保护单位。

神奇潮井

3. 神奇潮井

神奇潮井位于威远镇西白岩脚，井口约 4 平方米，呈凸状。涨潮时，水从泉眼汩汩而出，如银花怒放，似珍珠滚出，间有小鱼舞动，妙趣横生。一年四季每日不定时涨落，多时每日涨潮七八次，少时二三次，时间不定，无规律可循，周而复始，终年不息，不因久旱而断涨，也不因暴雨而浑浊，自涨自落。

猴子沟峡谷

高山草原

（十）龙里县

龙里是黔南州的北大门，气候宜人，自然资源丰富，享有"中国刺梨之乡"美誉。境内自然景观多姿多彩，民族风情古朴浓郁。

1. 猴子沟风景名胜区

猴子沟风景名胜区分山顶草原与山下峡谷两个片区。山顶草原地势平坦，天际线分明，为云贵高原第二平台，海拔1500～1700米之间。山下峡谷分布在草坪之间，因野生猕猴多，山上峰多形似猴类，故名猴子沟。景区内森林覆盖率达70%以上，有多种国家一级、二级保护植物及国家重点保护珍稀动物。

龙架山森林公园

2. 龙架山森林公园

龙架山森林公园由龙架山、响水河、猴子沟三个景区组成，分布有台地、丘陵、山地多种地貌，是西南地区的物种基因库。园内有"贵州高原濒危植物繁育中心""贵州省中亚热带高原珍稀植物园""贵州省青少年科普教育基地"等科研及科普教育场所。

中铁国际旅游度假区

3. 中铁国际旅游度假区

中铁国际旅游度假区位于双龙临空经济区，距离贵阳市区 15 千米，距离贵阳龙洞堡国际机场 6 千米，地处大贵阳空港经济区，是贵阳、龙里一体化的核心门户。

巫山岩画

4. 巫山岩画

巫山岩画分布在龙里县谷脚镇巫山石崖上，被专家命名为"龙里巫山岩画群"，是迄今发现的古岩画群中内容最丰富、规模最大、成画年代最早的一处岩画之一。

涟江大坝

（十一）惠水县

惠水县是著名的布依族民歌《好花红》的发源地，被誉为"好花红的故乡"，属喀斯特盆地地貌，涟江纵贯全境。秀丽的布依山寨、宽阔舒展的涟江河、绮丽多姿的田园风光、千姿百态的溶洞奇观、民风淳朴的"世外桃源"构成了集山、水、田、林、洞共融的迷人风光。

1. 涟江大坝

涟江大坝是贵州高原上最大的坝子，因涟江纵贯流经其间而得名。坝区散布着700多个村寨，田园风光与农家风情交相辉映，风光旖旎，沃野万顷，是著名的"黔中粮仓"。

九龙寺

2. 九龙寺

惠水九龙山九龙寺,是开山祖师古源大师于清朝康熙二十一年(1682年)创建的"太子佛"应化道场。九龙寺原址建筑地形逐渐升高,为二进院落,石砌山门,前院有花圃,后院主体建筑是大雷音殿(即大雄宝殿)。开山祖师在大雷音殿前右壁摩崖上雕刻的"水不在深"亲笔墨宝保留至今。山门前有一股清泉从岩缝中流出,终年不断,清澈可口。九龙寺被九峰环抱,故有"九岚拥寺"之称。民国二十四年(1935年)农历三月初三,九龙山寺庙除藏经楼外,其余的殿堂全遭火焚毁,1950年藏经楼又遭焚毁。九龙寺旧址后修建成九龙山小学。九龙寺虽遭破坏,但九龙寺历史盛名仍流传至今。每年农历"三月三""四月八""六月六",当地苗族群众常盛装云集九龙山欢度佳节。

好花红乡村旅游区

3. 好花红乡村旅游区

好花红乡村旅游区位于涟江河畔,景区内山水田园、桔果飘香,百年古寨、曲径通幽,布依儿女能歌善舞、民风醇厚。这里是国家级非物质文化遗产"布依族民歌·好花红调"的发源地,这里还是"中国金钱桔之乡"。

羡塘燕子洞

4. 羡塘燕子洞

羡塘燕子洞高约 215 米，宽约 50 余米。燕子洞分水、旱两部分，洞内有钟乳、石幔，琳琅满目，千姿百态。每年春暖花开，成千上万燕子栖息洞内峭崖绝壁洞穴之间，早出晚归，行如流云，燕鸣谷应，故名"燕子洞"。燕子洞前有一高峰耸立，直插云霄，名"骑龙山"，山下一巨大溶洞名"骑龙洞"。燕子洞内流出的阴河水从此洞穿过，浪花撞击石壁，涛声如雷。两侧壁间有一溶洞，深约百米，宽敞明亮，洞中一尊巨石，状若犀牛，故名"犀牛洞"。另一山腰有一溶洞，名"老熊洞"，因曾有黑熊出没而得名，四洞毗邻，各具特色。

尧人山国家森林公园

（十二）三都水族自治县

三都县气候温和湿润，岩溶地貌突出，盆岭相间，峰峦叠嶂。境内山川秀美，水族人口占全县总人口的 67%，民族风情浓郁。

1. 尧人山国家森林公园

尧人山国家森林公园位于三都水族自治县拉揽乡所辖区域的都柳江畔，是国家 4A 级风景区，是北半球同纬度生态最好的少数几个景区之一，素有"百里林海""天然的植物基因库""野生动物园"之称。

产蛋崖

2. 产蛋崖

产蛋崖在尧人山南麓姑鲁和渣拉沟一带的山崖上，多为赤褐色风化石，在这些崖壁内，镶嵌着形状各异、大小不一的石蛋。每隔数十年，成熟的石蛋就会掉落，令人啧啧称奇。产蛋崖产出的石蛋呈青赤色，沉重而坚硬，从外到内分布有极为明显的纹路，如同树木的年轮一般。这地质奇观至今仍是一道难解之谜。有专家推测其形成于五亿年前，由碳酸钙分子在特定化学作用下渐渐凝聚在一起结核而成。随着亿万年的地质运动，这些"石蛋"暴露于地表，最终因风化和流水侵蚀作用而逐渐从崖壁上脱落。

万户水寨旅游区

3. 万户水寨旅游区

万户水寨扶贫生态移民安置点是三都水族文化风情谷旅游景区,由迁徙门、3000年时空隧道、迁徙路、水族博物馆、鱼龙湖、殷商文化步行街和四大水族村寨(卯寨、酒寨、绣寨和水书寨)等组成。万户水寨按照四大水族村寨板块进行规划,占地面积5.6平方千米,是水族文化传承与保护、民族歌舞与美食文化、民风民俗与端卯文化、马尾绣制作加工与展示、移民就业与产业带动的有机结合体。

结　语

一幅幅画面，一段段文字，一个个故事，记录着曾经的沧桑，镌刻着今日的辉煌，饱含着铭恩奋进的情怀，承载着对美好未来的憧憬。

忆往昔，峥嵘岁月，铸就辉煌。

看今朝，山河壮丽，安居乐业。

展未来，蓝图绘就，壮志满怀。

今天的黔南各族人民将牢记习近平总书记殷殷嘱托，更加紧密地团结在以习近平同志为核心的党中央周围，永远听党话、感党恩、跟党走，高举中国特色社会主义伟大旗帜，不忘初心、牢记使命，勇于创新、锐意进取，让生态保护更扎实、产业致富更坚实、民生改善更温暖、民族团结更牢固，共同谱写中华民族伟大复兴中国梦美丽黔南新篇章！

后 记

经过多方努力和精心准备,《美丽中国·和谐家园——民族自治地方发展成就展巡礼》系列丛书(以下简称"《巡礼》系列丛书")终于与广大读者见面了。编纂《巡礼》系列丛书旨在打造"永不闭幕"的民族自治地方发展成就展,提供书写新时代、记录民族自治地方发展成就的"微型百科全书"。国家民委高度重视丛书的编纂工作,有关领导审批了编纂方案。办公厅致函相关省区民(宗)委协助做好《巡礼》系列丛书图文资料的补充、更新、审核等工作,文化宣传司等部门对编纂工作给予了具体指导。相关省区民(宗)委和各自治州州委、州政府及民(宗)委给予了大力支持,确定联络员协助做好有关工作。民族画报社积极支持,提供相关图片资料;民族出版社承担了出版任务,做了大量工作,谨此一并致谢!

《巡礼》系列丛书是在展览的基础上补充完善相关资料,图片、文字均未能支付稿酬,深表歉意!因水平有限,疏漏在所难免,敬请读者批评指正。

《美丽中国·和谐家园——民族自治地方
发展成就展巡礼》系列丛书编委会

图书在版编目(CIP)数据

美丽中国·和谐家园：民族自治地方发展成就展巡礼. 黔南布依族苗族自治州卷 / 民族文化宫编. -- 北京：民族出版社，2021.6
ISBN 978-7-105-16420-2

Ⅰ. ①美… Ⅱ. ①民… Ⅲ. ①中国共产党-民族工作-成就-黔南布依族苗族自治州 Ⅳ. ①D633

中国版本图书馆CIP数据核字（2022）第063468号

责任编辑	杨璇
装帧设计	金晔
出版发行	民族出版社
地　　址	北京市和平里北街14号
邮　　编	100013
网　　址	http://www.mzpub.com
印　　刷	北京盛通印刷股份有限公司
经　　销	各地新华书店
版　　次	2022年7月第1版　2022年7月北京第1次印刷
开　　本	880毫米×1230毫米　1/16
印　　张	18.25
定　　价	380.00元

ISBN 978-7-105-16420-2／D·3300（汉532）

该书若有印装质量问题，请与本社发行部联系退换
编辑室电话：010-58130512　发行部电话：010-64224782